LA BRADAMANTE.

TRAGICOMEDIE.

(Par de Lacalprenede)

A PARIS,
Chez ANTOINE DE SOMMAVILLE, au Palais,
dans la petite Salle, à l'Escu de France.

M. DC. XXXVII.

Auec Priuilege du Roy.

Extraict du Priuilege du Roy.

PAr grace & Priuilege du Roy, donné à Paris le 7. Feurier 1637. Signé, Par le Roy en ſon Conſeil, DE MONSSEAVX, Il eſt permis à ANTOINE DE SOMMAVILLE, Marchand Libraire à Paris, d'imprimer ou faire imprimer, vendre & diſtribuër vne piece de Theatre, intitulée, *La Bradamante, Tragi-comedie*, durant le temps & eſpace de neuf ans, à compter du iour qu'elle ſera acheuée d'imprimer. Et defenſes ſont faites à tous Imprimeurs, Libraires, & autres, de contrefaire ladite piece, ny en vendre ou expoſer en vente de contrefaite, à peine de trois mil liures d'amende, de tous ſes deſpens, dommages & intereſts, ainſi qu'il eſt plus amplement porté par leſdites Lettres, qui ſont, en vertu du preſent Extraict, tenuës pour bien & deuëment ſignifiées, à ce qu'aucun n'en pretende cauſe d'ignorance.

Acheué d'imprimer pour la premiere fois, le 20. Feurier 1637.

LES ACTEVRS.

CHARLES,	Roy de France.
LEON,	Prince de Grece.
ROGER,	Seruiteur de Bradamante.
AYMON,	Pere de Bradamante.
RENAVD,	Frere de Bradamante.
BRADAMANTE.	
HIPALQVE,	Suiuante de Bradamante.
MARFISE,	Sœur de Roger.
NAYMES,	Seigneur François,
ZENON,	Amy de Leon.

BRADAMANTE.

TRAGICOMEDIE.

ACTE I.

SCENE PREMIERE.

LEON. ROGER.

LEON.

Ve vous me hayrez pour cette lâcheté.

ROGER.

Ne iugez point si mal de ma fidelité.

LEON.

Ie veux à vos despens acheter ma fortune,
Ha ne trouuez-vous point ma requeste importune?

Toutesfois ſi parmy vos ſentimens guerriers
Vous meſlates iamais les myrtes aux lauriers:
Et ſi vous cognoiſſez ce que peut ſur vne ame
Le tranſport violent d'vne amoureuſe flame,
Vous excuſerez tout.

ROGER.

Horſmis ce compliment.
Traittez moy ie vous prie vn peu plus franchement,
Pourrois-je eſtre qu'à vous apres ce bon office.

LEON.

C'eſt trop ſe ſouuenir de ſi peu de ſeruice:
Vous eſtes redeuable à ma ſeule amitié.
I'eus pour vous du reſpect non pas de la pitié:
Ayant eſté teſmoin d'vne valeur ſi rare,
Ie fis ce qu'auroit fait l'ame la plus barbare,
Et i'ay degeneré de toute ma maiſon,
Ne trahiſſant les miens qu'apres leur trahiſon.
I'ay ſoulagé des fers ces mains victorieuſes,
Pour ſuiure à l'auenir vos traces glorieuſes,
Pour me rendre vaillant vous imitant de loin:
Mais ie commence mal, vous en eſtes teſmoin.
Toutesfois s'il eſt vray que la mort m'eſpouuente,
Que ie ſois pour iamais priué de Bradamante,
Que par vn coup du Ciel ie meure deuant vous,
Si ie craignis iamais de mourir de ſes coups.

Ie tiendrois ce treſpas pour ma premiere gloire :
Mais ie perds l'eſperance, en perdant la victoire.
I'ay trop peu de valeur pour hazarder ce bien,
Et ſi ie ſuis vaincu, ie ne poſſede rien.

ROGER à par ſoy.

Fut-il iamais malheur à mon malheur ſemblable?

LEON.

Dequoy palliſſez vous ?

ROGER.

Ma crainte eſt pardonnable,
Et ce commandement me ſeroit bien plus doux,
Si i'eſtois plus vaillant, ou plus heureux que vous.

LEON.

Ah ne me parlez plus contre voſtre penſée.

ROGER.

Dans voſtre paßion mon ame intereſſée,
N'a rien apprehendé que pour vous ſeulement,
Et vous hazardez trop en cet euenement,
Puis que voſtre repos ſur ma valeur ſe fonde.

LEON.

Ie m'aſſeure ſur vous mieux que ſur tout le monde.

ROGER.

Aussi pour vous seruir ie voudrois tout ozer;
Et ce que i'en ay dit, n'est pas pour m'excuser.
I'iray, i'iray pour vous combatre Bradamante,
Et quand i'aurois pour elle vne ardeur violante,
Fut-ce de mon malheur l'ineuitable arrest,
Ie me despouillerois de tout mon interest,
Et ie voudrois pour vous me combatre moy mesme.

LEON.

Mais cõment m'acquitter de ce bienfaict extréme?

ROGER.

Ie sçay ce que ie dois à qui ie dois le iour.

LEON.

Cest acte officieux me le rend à son tour,
Et ie recognois bien que ie suis execrable,
Si ie cache à quel poinct ie vous suis redeuable:
Si ie n'offre à vos pieds mes empires & moy.
Bien donc sur cet espoir ie vais trouuer le Roy.
Ie vous quitte vn moment, Ciel fais que ie perisse,
Si ie puis estre ingrat apres vn tel seruice.

SCENE II.

ROGER seul.

DOncques cette valeur que i'ay receu des Cieux,
M'est vn present fatal, vn don pernicieux,
Qui ne me doit seruir qu'à ma propre ruine :
O Ciel à quel malheur ta rigueur me destine !
I'adore Bradamante, & cette passion
Doit ceder lachement à l'obligation.
Ie cesse de hayr par vn bien faict extréme,
Dont ie dois m'acquiter en me perdant moy mesme.
Mais puis qu'en le faisant ie fais ce que ie dois,
Ie ne murmure point contre ses iustes loix.
Ouy ie te combattray, ma chere Bradamante,
Et quoy que ie trahisse vne fidelle amante,
Contre qui le deuoir l'emporte sur l'amour,
Ie te puis satisfaire en me priuant du iour.

SCENE III.

BRADAMANTE seule dans sa chambre.

Mon cœur ne retien plus la douleur qui te presse,
Il est vray ce perfide a faussé sa promesse,
L'ingrat a violé sa foy.
Il n'a point de regret de t'auoir delaissée,
Et ne se souuient plus de toy,
Quoy qu'il viue dans ta pensée.

Quel esprit preuoyant eust recognu la feinte
Des sermens qu'il me fit d'vne amitié si saincte,
Et de tant de fidelité?
Que i'eusse creu faillir contre mon grand courage,
De soupçonner de lâcheté,
Ses discours & son beau visage.

Comme vostre beauté, disoit-il, est extréme,
Dans sa perfection mon amour est de mesme,
Et le feu si pur & si beau,
Qui parmy les mortels me brusle & me captiue,
Me doit encor dans le tombeau,
Brusler d'vne flame plus viue.

Que la longueur du temps, ou des lieux nous ſepare,
Rien ne peut eſbranſler vne amitié ſi rare.
On ne verra iamais changer
Les reſolutions d'vne ame ſi conſtante ;
Et ie ne ſeray plus Roger,
Quand ie viurai ſans Bradamante.

Ce diſcours redoubloit vne naiſſante flame,
Ie creus que ce beau corps logeoit vne belle ame,
Incapable de trahiſon.
Sa peine, ie l'aduouë, eſbranſla ma conſtance,
Ie le creus aymer par raiſon,
Et ie l'aimay par innocence.

Tout à coup, ſans ouurir ſon deſſein à perſonne,
Et ſans me dire adieu le traiſtre m'abandonne,
Et s'eſloigne de cette Cour.
Il habite poßible vne terre incognuë,
Où de quelque nouuelle amour
Son ame eſt deſia retenuë.

Abuſe deſloyal, abuſe autant de Dames,
Que tu recognoiſtras capables de tes flames,
Inuente de nouueaux ſermens,
Dont ta fidelité dans leurs ames s'imprime,
Tu ſçais que les Dieux aux Amans,
Ont permis de iurer ſans crime.

Toutesfois ie ne puis forcer cette puiſſance,
Qui m'oblige à t'aymer apres ton inconſtance,

Ouy, ie t'ayme encore Roger,
Et malgré la raison qui veut que ie t'oublie,
Il n'est pas en moy de changer,
Pour rompre le nœud qui nous lie.

SCENE IV.

HIPALQVE. BRADAMANTE.

HIPALQVE.

M*Arfise vous attend pour aller chez le Roy.*

BRADAMANTE.

Elle est de mon repos plus soigneuse que moy.
C'est pour voir ce Leon: ie la suiuray, n'importe,
Où l'auez vous laissée?

HIPALQVE.

Aupres de vostre porte.

SCENE

SCENE V.

CHARLES. AYMON. RENAVD.

CHARLES.

Ma parole est donnée, il n'en faut plus parler.

AYMON.

Si vostre Majesté la vouloit rappeller,
Ie me pourrois seruir des droicts de la naissance,
Et i'aurois sur les miens vne entiere puissance;
Ie ne me plaindrois pas d'auoir cent mille fois,
Pour le bien de l'Estat sué sous le harnois,
De vous auoir suiuy dans toutes vos conquestes,
Mesme depuis que l'aage a fait blanchir nos testes.
Si vous laissiez agir le sang & la raison,
Si i'estois absolu dans ma seule maison,
Et s'il m'estoit permis de tenir ma promesse,
Pour n'estre pas ingrat au Monarque de Grece:
Pardonnez ce discours à mon ressentiment,
L'affront que ie reçois m'oste le iugement.
I'intercede sans fruict pour vne ingrate fille,
Au lieu d'estre absolu sur toute ma famille.
Sa desobeissance auance mon trespas,

Et ie cherche son bien, qu'elle ne cognoist pas.

RENAVD.

Former sans apparence vn bien imaginaire,
C'est se paistre de vent & d'vne ombre legere.
Des sceptres, des grandeurs, ne sont pas vn vray bien,
Et qui ne vit content, il ne possede rien.

AYMON.

Vous de qui le conseil trompa son innocence,
Et qui fauorisez sa desobeissance,
La croyant obliger par vne trahison,
Allegués vous pour elle vne seule raison?
Pouuoit-elle choisir vn party plus sortable?
Roger auec Leon, qu'a-il de comparable?
L'vn doit paroistre vn iour dans cet illustre rang,
Que l'on a veu tenir aux Princes de son sang.
L'autre n'a que la cappe & l'espée en partage,
Et s'il se peut vanter c'est d'vn peu de courage.

RENAVD.

Ouy, sa seule vertu le doit recommander,
Comme le plus grand bien qui se peut posseder.
Aussi vaut elle mieux que l'esclat d'vn Empire,
Et l'honneur est vn bien que l'on ne peut destruire.
Ceux dont l'ambition se rauale si fort,
Suiuans vn faux bon-heur sont esclaues du sort,

Aux belles actions auoir l'ame occupée,
Ne receuoir la loy que de sa seule espée,
Et ne voir les grandeurs qu'auecque des mespris,
C'est où doiuent butter les genereux esprits.
Le bien de la Fortune est vn bien perissable,
Et tous ses fondemens ne sont que sur du sable.
Outre que si Roger n'a pas receu des Cieux,
Ces friuoles grandeurs que vous aymez le mieux:
Si le sort en naissant luy rauit ses Prouinces,
Vous sçauez toutefois qu'il est issu de Princes.
La Fortune & les siens l'ont tousiours combatu,
Et l'ont priué de tout, horsmis de la vertu,
Quoy qu'il ne soit pas Roy, sa naissance est Royale,

AYMON.

Mais celle de Leon n'en a qu'vne d'égale,
Et vous tesmoignerez, puis que vous l'auez veu,
S'il est de qualité dont il ne soit pourueu.
N'est il pas ieune, beau, n'est il pas agreable?
N'est il pas courageux, bref n'est il pas aymable?
Et cette fille ingrate, à moins que se haïr,
Ne deuroit-elle pas l'aimer & m'obeïr?

RENAVD.

Vne inclination ne peutestre forcée.

AYMON.

C'est que pour son Roger Bradamante est blessée,

C'est qu'elle est sans esprit &, vous sans amitié.
Ouy, son aueuglement vous deust faire pitié,
Et vous deuriez rougir de vos conseils perfides,
Qui perdent vne sœur, & font des parricides.
Reseruez vos aduis pour vne autre saison;
Et me laissez tout seul gouuerner ma maison.
I'ay plus d'aage que vous & plus d'experience,
Et vous m'estes suspect apres tant d'insolence.
Quoy! vous mesler desia de me faire la loy,
Est-ce à vous, ie vous prie, à gouuerner chez moy?
Et prenant sur les miens vne iniuste licence,
Obliger vn amy par cette recompense.
Vous acquerir Roger auec vn tel present.
O le bon naturel, ô le fils complaisant!

RENAVD.

Mais si ma sœur le veut, malgré vostre promesse,
La voulez-vous forcer pour le Prince de Grece?

AYMON.

Ouy, ie luy ferois voir sans le respect du Roy.

RENAVD.

Sa iustice à propos vous impose la loy.
S'il est assez vaillant pour vaincre Bradamante,
Il faudra bien alors que ma sœur y consente.
Si ce malheur arriue,

AYMON.

Il vous trompera tous.
Il est plus courageux & plus vaillant que vous.
Ingrat:

CHARLES.

L'euenement esclaircira l'affaire.
Vous vous picquez Aymon,

AYMON.

I'ay raison de le faire,
Et vostre Majesté me peut bien excuser:

CHARLES.

Mais le meilleur pour vous est de vous appaiser,
Et d'esperer du Ciel vne si bonne issuë,
Qu'elle confirmera l'esperance conceuë.
Mais receuons ce Prince, il s'approche de nous.

SCENE VI.

CHARLES. LEON.

CHARLES.

V*Ous venez sur le point, que nous parlions de vous.*

LEON.

N'ayant point merité d'estre en vostre memoire,
Par vn tel souuenir vous me comblez de gloire.

CHARLES.

Et bien depuis le temps que vous estes venu,
Quels diuertissemens vous ont entretenu?
Est-il rien dans ma Cour capable de vous plaire?

LEON.

L'esprit le plus chagrin s'y pourroit satisfaire:
Ie n'ay veu rien encor que rare & que charmant.

CHARLES.

Et ie voy dans ces mots l'interest d'vn amant.
Confessez que ce bien se doit à Bradamante,
Qu'à son occasion ce seiour vous contente,

Et que noſtre climat a pour vous des appas,
Qui ſans cette beauté ne nous toucheroient pas.

LEON.

Il eſt vray qu'vn amant dont l'ardeur eſt extréme,
Ne peut aimer vn lieu priué de ce qu'il ayme:
Mais dans ma paſſion, & mon aueuglement,
Encore ie conſerue vn peu de iugement.
Bradamante n'a rien qui ne ſoit adorable:
Mais auſſi voſtre Cour n'a rien de comparable,
L'vniuers la reuere, & ces grands cheualiers,
Qui ſont de voſtre Eſtat les genereux piliers,
Releuent bien l'éclat de voſtre diademe,
Mais il reçoit ſur tout le luſtre de vous meſme.

CHARLES.

De grace, deſormais, dittes en vn peu moins.

LEON.

I'ay de ce que ie dis tous les hommes teſmoins.
Mais quoy que tout le mõde auecque moy l'aduouë,
Si voſtre Majeſté ne veut pas qu'on la louë,
Ie luy veux obeïr & changer de diſcours,
Mais tout mon entretien ſera de mes amours.
Sire, c'eſt de regret qu'vne ardeur vehemente
Me fera malgré moy combatre Bradamante.
Mais ſi le ſeul combat me la doit accorder,
Si par ce ſeul moien on la peut poſſeder,

Ie le veux entreprendre auec vostre licence.
Ie sçay que vostre Edict en donne la puissance,
Et sur ce seul espoir ie me suis presenté,
Pour obtenir ce bien de vostre Maiesté.
Voila, Sire, en deux mots le suiet qui m'arreste,
Si vous me refusez d'accorder ma requeste.

CHARLES.

Ce n'est pas d'auiourd'huy que nous auons cognu
Le genereux dessein qui vous a retenu.
Il est vray que desia ma parole m'engage,
Mais ie ne doute point d'vn si braue courage,
Et ie croy que l'amour vous doit fauoriser.
Bien donc, vous en pouuez librement disposer,
Elle n'en receura qu'vne parfaicte ioye.
Mais comment à propos le bon-heur nous l'enuoye!

SCENE VII.

CHARLES. BRADAMANTE. LEON.
AYMON. MARFISE. RENAVD.

CHARLES.

SI pour l'amour de vous estre solicité,
Se pouuoit appeller vne importunité,

Certes

Certes vostre beauté me seroit importune:
Mais elle ayde au contraire à ma bonne fortune,
Ie luy suis obligé de donner tant d'amour,
Puis qu'vn nombre d'amans embellit nostre Cour.

BRADAMANTE.

Si vostre Majesté se donne cette peine
Pour ceux-là seulement que ce suject y meine,
Vous estes si benin que i'espere en effect,
D'obtenir le pardon du mal qu'ils vous ont faict.
Leur nõbre est bien si grãd, que dãs toute la France
Vn seul n'a point paru depuis vostre ordonnance.
Bradamante leur plaist: mais elle couste cher,
Et personne à ce prix ne la veut rechercher.

LEON.

Certes ma paßion seroit trop offensée,
Si vous n'auiez parlé contre vostre pensée.
Iamais aucun peril ne me diuertira
De la fidelité que mon cœur vous iura,
Pour vous la conseruer tousiours inuiolable.

BRADAMANTE.

A tant de paßion ie suis trop redeuable.

CHARLES.

Et pour vous asseurer de son affection,
Ie vous veux aduertir de son intention.

Bradamante à la fin il faut courir aux armes,
Se seruir d'autres traits que de ceux de vos charmes.
Il faut prendre demain la salade & l'escu,
Pour combatre celuy que vous auez vaincu.
Le voila resolu de tenter la fortune.

BRADAMANTE.

Il est donc de ceux-là que le iour importune :
Mais si peu de sujet ne l'obligera pas,
S'il a du iugement, à courir au trespas.
Sa main sera bien mieux pour vn autre occupée,
Ie ne merite pas qu'il donne vn coup d'espée.

LEON.

Si quelqu'autre moyen vous pouuoit acquerir,
I'y courrois à clos yeux sans crainte de perir,
Et me parust le Ciel contraire ou fauorable,
I'aurois dans mon malheur vn sort trop honorable.
Mais puis que maintenant il ne m'est pas permis
D'auoir d'autre destin, ny d'autres ennemis,
Il faut que de son gré la victime s'appreste,
Et metre entre vos mains ceste coulpable teste,
Que vous deuez punir de sa temerité,
Ou me recompenser de ma fidelité.

BRADAMANTE.

Ce courage à la fin merite Bradamante.
Ouy, Leon, il est iuste il faut qu'on vous contente.

Ie voudrois que desia vous fussiez satisfaict.
Mais toutesfois l'hõneur que vostre amour me faict,
M'oblige à vous donner vn conseil salutaire.
Monsieur, deportez-vous d'vn dessein temeraire,
Il tient encor à vous d'euiter ce malheur,
Ou bien soyez muny d'vne rare valeur,
Vous courez vn danger plus grand que l'on ne pense.

LEON.

Amour contre vos coups est toute ma defense,
Il les détournera sans bouger de ce cœur,
Redoublera ma force & me rendra vainqueur.
Si le Ciel m'est contraire, & que sur la poussiere,
Ie trébuche à vos pieds priué de la lumiere,
Quels dieux, fussent-ils tous libres de passion,
Ne seront enuieux de ma condition?
Voir bastir mon tombeau par vne main si belle,
N'est-ce pas me combler d'vne gloire eternelle?

MARFISE.

Ie n'enuieray iamais vn semblable bonheur,
I'aime mieux de mon gré luy quitter cet honneur.

AYMON.

Pour le repos commun il seroit necessaire,
Qu'on ne se meslat point que de son propre affaire.
Mais la confusion est si grande auiourd'huy,
Que chacun met le nez aux familles d'autruy.

Madame croiez-moy qu'en ce qui ne nous touche,
Nous ferions beaucoup mieux de n'ouurir point la bouche.

MARFISE.

Quoy Monsieur, est-ce donc à moy que vous parlez?
Certes c'est sans suject que vous me querelez.
Mes soins sont bien ailleurs que dãs vostre famille.

AYMON.

Pourtant vous vous meslez de gouuerner ma fille,
Luy donner des conseils qui troublent sa raison,
Et vous auez desia diuisé ma maison.
Renaud est son azyle, & vous sa confidente.
Et tous deux recherchez sa ruine apparente.
Madame, c'est de là que naissent mes regrets,
Vous ne la conseillez que pour vos interests,
Ou les vostres à part, pour ceux de vostre frere.

MARFISE.

Elle pourroit icy tesmoigner le contraire,
Et que i'ayme son bien que vous n'auancez pas.
L'or, les biens, les grãdeurs ont pour vous des appas,
Et l'eternelle soif de vostre humeur auare,
Pour vostre propre sang vous a rendu barbare.
Doit-elle releuer vostre condition,
Et seruir d'instrument à vostre ambition?
Et la contraindrez-vous de se rendre amoureuse,

Pour esleuer pour vous une fortune heureuse?
Monsieur, vous auez tort de me faire parler,
Ie ne suis pas d'humeur de rien dißimuler:
Et les fortes raisons qui combatent pour elle,
Me feront à iamais embrasser sa querelle.

AYMON.

Ie soustiendray la mienne, & ie luy feray voir,
Que ie la puis ranger aux termes du deuoir.
Suffist que desormais rien ne vous interesse,
Que de vos actions vous soyez la maistresse,
Sans vous plus informer comment on vit chez moy.

RENAVD.

Vous quereler ainsi, mesme deuant le Roy,
C'est abuser vrayement d'vne douceur extréme.

AYMON.

Vous auez tout ouy, ie vous en dis de mesme.

RENAVD.

Et les mesmes raisons qu'elle a dittes icy,
Sauf ce que ie vous dois, ie vous les dis außi.

CHARLES.

C'est perdre trop de temps en des discours friuoles,
Ie n'entens tous les iours que les mesmes paroles,
Aymon vostre courroux va tousiours trop auant.

LEON.

Ie dois pour m'acquiter mourir en le ſeruant,
Et ſi i'ay dans mes vœux la fortune proſpere,
Ie le veux honorer comme mon propre pere.

AYMON.

Je ſouſtiens voſtre droict auec trop de raiſon,
Et vous comblez d'honneur toute noſtre maiſon.

LEON.

Doncques ſur le pouuoir que l'Empereur nous dône,
Vous deuez dans le champ cōparoiſtre en perſonne,
Ie m'y rendrai demain au leuer du ſoleil.

BRADAMANTE.

Et ie veux, s'il ſe peut, preuenir ſon reſueil,
Vous m'y verrez paroiſtre, & ſi mal diſpoſée,
Que vous en obtiendrez vne victoire aiſée.
Ayez ſoin toutefois d'eſtre aſſez bien armé.

LEON.

Ie crains plus que vos mains ces yeux qui m'ont charmé.

ACTE II.

SCENE PREMIERE.

LEON. ROGER couuert des armes de Leon.

LEON.

CE harnois vous sied bien, & le Dieu de la Thrace,
N'eust iamais sous l'armet vne si bonne grace:
Apres ces grands exploits dont mes yeux sont tesmoins,
I'ay sur vostre valeur transporté tous mes soins.
Ie tiens par ce moyen Bradamante conquise,
Et triomphe desia d'vne victoire acquise.
O vous, par qui le Ciel me la doit accorder,
S'il m'est encor permis de vous le demander,
Souffrez qu'ẽcor vn coup mon amour vous demande
Le pardon, que i'attens d'vne faute si grande.
Et ne soupçonnez point par cette lâcheté,
Que ie manque de cœur, comme de liberté.
Si d'autres ennemis appelloient mon espée,

Ou si pour vous seruir elle estoit occupée,
Ie fuirois ce qu'amour me faict faire auiourd'huy,
Et n'emprunterois point l'aßistance d'autruy.
Cependant, cher ami, pardonnez à la crainte,
Dont ie veux aduouër que mon ame est atteinte.
Ie crains pour Bradamante außi biẽ que pour vous.
De grace, retenez ces redoutables coups,
Vous en remporterez vne parfaicte gloire,
Si sans verser du sang vous auez la victoire.
Espargnez la beauté, le sexe & vostre ami.

ROGER.

Se reposer sur moi seulement à demi,
C'est me desobliger par vne meffiance.

LEON.

t ce seroit parler contre ma conscience,
Si ie dißimulois que i'en ai du souci,
Que ie tremble pour elle, & crains pour vous außi.
Non que vostre valeur se puisse mettre en doute:
Mais achepter mon bien par le prix qu'il me couste.
Mon frere confessez que pour me secourir,
Ie cherche des moiens,

ROGER.

Qui me feront mourir.
Si vous perseuerez à viure de la sorte,
C'est par trop relascher d'vne amitié si forte.

Et ces discours moqueurs, comme ils sont superflus,
Me feront croire en fin que vous ne m'aimez plus.

LEON.

Ouy, mais par ce soupçon vous vous rẽdez coupable,
Ie veux qu'en vn moment la fortune m'accable,
Que du plus haut sommet de ma prosperité,
Dans vn gouffre de maux ie sois precipité.
Que ie perde à l'instant d'vn heureux hymenée,
Cette felicité que vous m'aurez donnée,
Si ie ne vous conserue vne eternelle foy,
Si mon frere tousiours ne m'est plus cher que moy:
Et si i'accepterois la meilleure fortune,
Que m'estant auec luy d'oresnauant commune,
Ie dedaigne sans luy tous les plus grands honneurs,
Nous les possederons auec tous mes bon-heurs.
Et le Ciel dont ie tiens vn sceptre en heritage,
A laissé pour nous deux l'Orient en partage.
Cependant ce harnois vous deguise si bien,
Que mes plus familiers n'y recognoistront rien.
Ou si tous cognoissoient à quel point ie vous ayme,
Sans doute ils vous prendroient pour vn autre moy mesme.
Mais l'heure du combat m'oblige à vous quitter,
Ie perdrois trop de temps à vous soliciter.
Mon bien est asseuré par des mains si vaillantes.
Adieu, pour me cacher ie rentre dans mes tentes.

SCENE II.

ROGER seul.

DEs bords plus esloignés où le flambeau du iour,
Sorty de l'Ocean recommence son tour,
Iusqu'aux flots reculez où sa clarté deuale,
Est-il vne fortune à ma fortune egale ?
Malheureux si la terre en a iamais produit,
A quelle extremité te trouues-tu reduit?
C'est peu que tout le monde à ta perte conspire,
Que le Ciel auec luy s'vnisse pour te nuire,
Que tous les elemens soient armez contre toy,
Comme contre vn ingrat qui viole sa foy.
Si le Ciel pour monstrer que sa haine est extréme,
N'armoit ta propre main pour te perdre toy mesme.
Ouy, c'est le point qui reste à ton dernier malheur,
Que tu sois l'instrument de ta propre douleur.
Et tu perirois mal, si ta perte legere,
En pouuoit accuser vne cause étrangere.
Cette main, qui mes dieux, & mon Prince seruant,
M'a des plus grands perils retiré si souuent:
De qui les actions par tout victorieuses,
Aux yeux de tout le monde ont paru glorieuses;
Deuoit donc (destinée à ce fatal employ)

Traicter mes ennemis plus doucement que moy.
Malgré le ſouuenir de ma premiere flame,
La traiſtreſſe pourra s'armer contre mon ame.
Et toy cœur deſloial noircy de lâcheté,
Sont-ce-là des effects de ta fidelité?
Sont-ce-là les ſermens que tu fis par ma bouche?
Eclate & mets au iour le regret qui te touche,
Parois pour m'obliger à toy-meſme inhumain:
Mais non, tu dois mourir d'vne plus belle main,
Puis que c'eſt Bradamante à qui ie fais l'offence,
Bradamante elle meſme en fera la vengeance.
C'eſt par ce ſeul moien qu'il me faut acquiter,
Ie treuue mon ſalut à me precipiter.
A voir d'vn coup vengeur ma poictrine frapée,
Et receuoir la mort de ſa fatale eſpée.
Ie puis par ce moien contenter mes deſirs,
Et par vn meſme ſort venger ſes deſplaiſirs.
Mais l'eſtrange malheur qui me pourſuit encore!
Ie trahis par ma mort vn amy qui m'adore.
Deſormais ſon ſalut ne depend que de moi,
Et ſi ie veux perir, ie lui manque de foi.
Non ie ſuis obligé de tenir ma parole,
Ma reſolution inutile s'enuole.
Et ſi par moi Leon ne la poſſede pas,
Ie ne puis ſans vn crime auancer mon treſpas.
Ie dois faire pour lui tout ce qui m'eſt poßible,
Apres il n'eſt plus rien qui ne me ſoit loiſible.
Et m'eſtant acquité de ce que ie lui dois,

Il me ſera permis de mourir mille fois.
Pour lors ie treuuerai mon repos dans mes armes,
Pour lors le ſeul treſpas aura pour moi des charmes,
Et dans mon dernier ſort ie ſerai bien heureux,
Que ma tragique fin m'acquite à tous les deux.

SCENE III.

AYMON. RENAVD. BRADAMANTE.

AYMON.

PVis que dans ce deſſein vous eſtes reſoluë,
Que vous prenez ſur vous la puiſſance abſoluë,
Vous en ferez, Madame, à voſtre volonté.
Mais vous vous ſouuiendrez que cette liberté,
Que cette folle amour qui vous rend meſpriſable,
De meſme en peu de iours vous rendra miſerable.
Vous vous repentirez d'auoir deſobey,
Et vous regretterez qui vous aurez hay,
Alors que vous aurez plus d'eſprit & plus d'aage,
Que vous vous guerirez de cette humeur volage,
Et qu'en vous la raiſon trouuera quelque part,
Vous voudrez vn mary, mais il ſera trop tart.
Tout le monde rira de vous voir delaiſſée,
Et vous ſoûpirerez de voſtre erreur paſſée.
Vous aurez de la peine à trouuer vn eſpoux,

Mesme vostre Roger ne voudra plus de vous.
Ie ne croy pas pourtant que ce discours vous touche,
Et principalement quand il vient de ma bouche,
Si vostre conseiller vous en disoit autant.
Mais ie m'en vay treuuer le Roy qui vous attend.
Armez-vous cependant de cholere & de haine,
Vous serez plus vaillante, estant plus inhumaine.
C'est vn traict de valeur de tuer vn amant,
Par vos yeux, par vos mains, il mourra doublement.
Va tygresse, va monstre, horreur de la nature,
Vueille le Ciel sur toy venger ta propre iniure,
Et pour te faire voir son pouuoir absolu,
Te perdre en ce combat, puis que tu l'as voulu. Il s'en va.

RENAVD.

Il faut laisser passer sa fougue accoustumée,
En fin tout son courroux se resout en fumée.
Dans ses premiers transports il a beaucoup de feu:
Mais apres tout, ma sœur, il vous nuira fort peu.

BRADAMANTE.

Auec vostre support dont ie suis consolée,
Ma resolution ne peut estre esbranslée.
Il n'est point de tourment qui ne me soit leger,
Pourueu que vostre humeur ne vienne à se changer,
Que vous n'embraßiez point le party d'vn auare.

RENAVD.

Vous deuez aduoüer que voſtre humeur eſt rare,
Et qu'vn aueuglement contre toute raiſon,
Vous faict apprehender vn mal hors de ſaiſon.
Ne vous troublez-vous point d'vne crainte friuole,
Sçachant que le premier i'ay donné ma parole.
Que ie vous engageay dans vn ſi beau deſſein,
Et que ie vous ay mis cet amour dans le ſein.
Non non, ma chere ſœur, viuez toute aſſeurée,
De la protection que ie vous ay iurée:
Et que le Ciel, au cas que ie fauſſe ma foy,
Faſſe eſclatter bien-toſt ſa cholere ſur moy.
J'aime voſtre repos, comme ie le dois faire,
Outre que la vertu de Roger m'eſt ſi chere,
Que n'ayant d'autre but que voſtre commun bien,
L'intereſt de tous deux ſera touſiours le mien.
Et ie tiendrois, ma ſœur, pour vn bonheur extréme,
S'il m'eſtoit accordé de combatre moy-meſme,
Tenir à ce beſoin la place de l'abſent:
Mais vous auez pour luy le bras aſſez puiſſant,
Voſtre rare valeur m'eſt aſſés bien connuë,
Pour me faire eſperer la victoire obtenuë.
Si le contraire arriue, aſſeurés vous ma ſœur,
Qu'il en ſera bien tard paiſible poſſeſſeur.
Et ſi vous ne viués que dans cette penſée,
Ie ne ſouffriray point que vous ſoyés forcée.
Nous y pourrons pouruoir ſans offenſer le Roi:

En tous cas de ces soins reposés vous sur moi,
Et soiés de ces soins vn peu moins affligée.

BRADAMANTE.

Ah mon frere à quel poinct ie vous suis obligée!
Si le Ciel me permet,

RENAVD.

N'allons pas plus auant.

BRADAMANTE.

Mon frere ie voudrois mourir en vous seruant.

RENAVD.

Ie m'en vai vous quitter pour aller dans la place,
Où desia pour vous voir tout le peuple s'amasse,
Toute la Cour attend ce qui reüßira.
Quand il faudra venir on vous aduertira.

SCENE IV.

BRADAMANTE. HIPALQVE.

BRADAMANTE.

MAintenant que ie puis ſoûpirer & me plaindre,
Et qu'aucune raiſon ne m'oblige de feindre,
Hipalque encor vn coup que ie t'ouure mon cœur.
Mais ne me flatte plus d'vn langage moqueur,
Puis que tu me trahis, me cachant ta penſée,
Confeſſe qu'à la fin cet ingrat m'a laiſſée,
Que toutes tes raiſons ne le defendent pas,
Et que ſa perfidie eſt digne du treſpas,
Qu'il fait à ſon honneur vne honteuſe tcahe,
Et qu'on ne peut commettre vne action plus lâche.
Les ſermens qu'il me fit, ceux qu'il reçeut de moi,
Le Ciel qu'il appella pour teſmoin de ſa foi,
Ces larmes, ces ſoûpirs, ces promeſſes ſi ſaintes,
Dans l'ame d'vn Roger eſtre ſi toſt eſteintes!
C'eſt ce que ta raiſon ne peut plus excuſer,
Et tu te ferois tort de le fauoriſer,
Puis que ton intereſt te meſle à mon iniure,
Tu deurois la premiere accuſer ce pariure.

Veu que ce desloyal t'abusa si souuent,
Et repeut ton esprit de mensonge & de vent:
Toutesfois, si tu peux, prens encore sa cause,
Pour le iustifier inuente quelque chose,
Et tu m'obligeras si mon esprit consent,
Apres t'auoir ouye, à le croire innocent:
Pleust aux dieux qu'il le fust!

HIPALQVE.

S'il ne l'estoit, Madame,
Ie serois la premiere à luy donner du blasme,
Et ie le haïrois pour sa legereté,
Comme ie le defends pour sa fidelité.
Ie connois trop Roger, & son ame est trop haute
Pour le simple soupçon d'vne si noire faute,
Ie sçay bien que son cœur n'eut iamais tant d'amour,
Et que priué de vous, il est priué du iour.

BRADAMANTE.

Si i'occupois encor vn lieu dans sa pensée,
Sans en auoir sujet m'auroit-il delaißée?
Et s'il me conseruoit quelque reste de foy,
Pourroit-il si long-temps viure esloigné de moy?
Maintenant qu'il sçait bien que ie suis tourmentée,
Qu'à son occasion ie suis persecutée,
Que pour luy ie rejette vn Prince suppliant,
Et refuse pour luy l'Empire d'Orient.

HIPALQVE.

Si sa profeßion n'obligeoit son courage
Dans les occasions où son honneur l'engage,
Et si les Cheualiers ne deuoient à clos yeux
Tenter à tous momens les perils glorieux,
Ce long retardement me mettroit bien en peine:
Mais c'est quelque auēture, où son deuoir le meine,
Ou quelque desplaisir, qui l'ont fait esloigner.

BRADAMANTE.

Mais pourquoy ce despart sans me le tesmoigner,
Sans me dire vn adieu, qu'est-ce qui l'en dispense?

HIPALQVE.

On s'esloigne souuent beaucoup plus qu'on ne pense,
Et par fois on medite vn voyage d'vn iour,
Et les dieux à leur gré disposent du retour.
Quoy qu'il en soit, Madame, effacez cette crainte,
Dont sans aucun sujet ie voy vostre ame attainte.
Asseurez vos soupçons sur vn bon fondement,
Et croyez que iamais vous ne perdrez amant.
Autrefois ce tyran de nostre fantaisie
Trauailla vostre esprit par vne ialousie,
Lors que ceux d'Agramant (il m'en souuiēt assez)
Par vostre belle main se virent renuersez:
Et qu'vne lance d'or fit voler sur la croupe
Des plus fiers Sarrasins vne confuse troupe,

Vostre cœur sans raison se voulut ressentir,
Mais Roger innocent vous en fist repentir.

BRADAMANTE.

Bien donc veuille le ciel que tu sois veritable,
Je croiray pour te plaire vne chose incroyable.
Mais ie crains, le voyant si long-temps retenu,
Que quelque grand malheur ne luy soit aduenu.
Possible à ce moment priué de la lumiere,
Il me garde au tombeau son amitié premiere,
Puis que si par mon feu ie puis iuger du sien,
On ne sçauroit tant viure esloigné de son bien.
Non, quoy que sa promesse, ou son honneur l'engage,
Il n'est rien qui le peust retenir dauantage,
Et pour me voir encor il feroit vn effort,
S'il n'estoit loin de nous, ou prisonnier, ou mort.
Helas, s'il est ainsi, chere ame de mon ame,
Croy que ie te conserue vne immuable flame.
Et que mort & viuant tu te peux asseurer
D'vne fidelité qui doit tousiours durer.
Pour toy contre les miens ie feray des miracles,
Ie forcerai pour toi toute sorte d'obstacle,
Pour toi tous mes amans seront mes ennemis,
Et me seruant du droict que le Roi m'a permis,
Parauant que la nuict nous oste la lumiere,
Ton riual passera l'infernale riuiere.
Par sa punition tu seras satisfaict,
Et son sang lauera l'offense qu'il te faict.

Ma main, si ce Gregeois peut retarder ta gloire,
Et si du premier coup tu n'obtiens la victoire,
Ie te desaduouëray: Mais qui me vient troubler?
Ah! c'est vous ma compagne.

SCENE V.

MARFISE. BRADAMANTE.

MARFISE.

IL n'en faut plus parler,
N'y songez plus ma sœur, sa perte est asseurée,
Puis que vostre vaillance auiourd'huy l'a iurée:
Ah, que mon frere & moi vous sommes obligez!
Que fera-il pour vous, puisque vous le vengez!
Que du tort qu'on luy fait vous faites vostre offense,
Et contre ses riuaux vous prenez sa defense.
Certes s'il sçauoit bien que pour l'amour de lui
Vous courez ce hazard il en mourroit d'ennui:
Et moi comme sa sœur, que faut-il que ie face,
Ne m'estant pas permis de tenir vostre place?

BRADAMANTE.

Ce que pour n'estre ingrate il faut que vous fassiez,
C'est de m'aimer ma sœur, & que vous confessiez

Que nous ayant quittez en l'estat où nous sommes,
Roger est auiourd'huy le plus ingrat des hommes.

MARFISE.

Si la necessité ne l'a point diuerti,
Vous ne me verrez pas embrasser son parti,
Ie serai la premiere à punir ce parjure,
Et de vostre interest ie ferai mon injure.
Mais quittons ce discours, Bradamante il est tẽps,
L'Empereur dans la place attend les combattans,
Le peuple est assemblé.

BRADAMANTE.

Roger l'heure est venuë,
Que mon affection doit estre reconnuë.
Allons ma sœur, allons, & Leon.

MARFISE.

Il est prest.

BRADAMANTE.

I'ay donné de sa mort l'irreuocable Arrest,
Et sa presomption sera si bien punie,
Qu'on verra mes parens pleurer leur tyrannie.

SCENE VI.

CHARLES. AYMON. RENAVD. NAYMES.

CHARLES.

Le champ de bataille doit paroiſtre, & l'Empereur auec les aſſiſtans aux barrieres.

CErtes vn cœur bleſſé de cette paſſion,
Eſt vn tres-digne objet de la compaſſion,
Et ſi l'on connoiſſoit les malheurs qu'elle cauſe,
Les hommes la fuiroient par deſſus toutes choſes.
Pour moy pendant le temps qu'vn ſang plus vigoureux,
M'entretenoit auſſi de deſirs amoureux,
Ie ne fus pas exempt des malheurs de cet aage.
Mais depuis que les ans m'ont fait vn peu plus ſage,
Comme ſans paſſion, iugeant plus ſainement
Des peines, des ſoucis, des chagrins d'vn amant:
I'ay connu que le ciel rendoit vn bon office
A ceux qu'il a laiſſez libres de ce ſupplice.

AYMON.

On ne ſçauroit blaſmer vn feu reſpectueux,
Vn amour qui n'a rien qui ne ſoit vertueux,
Meſme à qui les parens ont donné la naiſſance,

Ou l'ont authorisé d'vne iuste licence:
Mais ceux qui preuenus de ceste passion,
S'engagent follement dans vne affection,
Qui ne releuent point des volontez d'vn pere,
Et mesprisent le bien qui leur est necessaire,
Deuroient estre punis.

RENAVD.

Tout interest à part,
On excuse vn peché qui se fait par hazard,
Se commet sans dessein par vne seule œillade,
Qui rend le plus souuent vn esprit si malade,
Qu'il est bien malaisé que dans cette prison,
Vn cœur sans liberté laisse agir la raison,
Puisse considerer ce que le temps exige,
Mesme à quoy le deuoir & le sang nous oblige.

AYMON.

Ie vous tiens pour suspect.

CHARLES.

Et vous l'estes aussi,
Mais tréue à ce discours, Bradamante est ici.

NAYMES.

Cette ferocité pleine de tant d'audace,
Qui mesme sous l'armet se remarque en sa face,
Ce port majestueux & doux également,

Paroiſt en meſme temps redoutable & charmant.

CHARLES.

Ah, que ſi vous pouuiez recouurer la ieuneſſe:
Mais la foule ſe fend pour le Prince de Grece,
Le voila dans le champ ſuperbement armé.

AYMON.

Confeſſez que ce port n'eſt pas moins animé,
Que ſa demarche eſt graue, & ſa taille diuine,
Et que nos paladins n'ont pas meilleure mine.

SCENE VII.

MARFISE. ZENON. CHARLES.
BRADAMANTE. ROGER. AYMON.
RENAVD. NAYMES.

MARFISE.

SIre, mon champion demande le pouuoir
A voſtre Majeſté de faire ſon deuoir.

ZENON.

Ie vous fais pour le mien vne meſme priere.

CHAR-

CHARLES.

Et i'en donne à tous deux vne puissance entiere.
Naymes ayez le soin, comme experimenté,
Que suiuant la coustume & la formalité,
Entre les combattans le soleil se partage,
Et qu'ils soient en tous poincts sans aucun auãtage.

NAYMES.

Il les met en termes de combattre.

Pour en venir aux mains, ie croy que c'est assez,
Ils sont à l'opposite également placez,
Maintenant que le Roy le combat authorise,
Que des yeux, ni des mains nul ne les fauorise.

BRADAMANTE, mettant la main à l'espée.

C'est le fer à la main qu'il me faut conquerir.

ROGER, sous les armes de Leon, tout bas.

Puis que vous l'ordonnez, ie vous rendray contente.

CHARLES.

Ils se battẽt, & Roger ne fait que parer les coups.

Considerez vn peu la main de Bradamante,
Vous iugerez son bras qui frappe si souuent,
Vne foudre, vn esclair, vn tourbillon de vent,
Et ie croy que Leon aura bien de la peine.

AYMON.

Considerez aussi comme sa fougue est vaine,

Comme il fait ce duël ſans animoſité,
Et rabat tous les coups auec dexterité:
Qu'il ne s'eſbranle point par cette violence,
Et tient ſans la frapper le combat en balance.

NAYMES.

Bradamante ſe retire pour reprendre haleine, & Roger en fait de meſme.

Par vn ſi grand trauail ils ſont tous deux laſſez.

AYMON.

Ie connois qu'à la fin mes vœux ſont exaucez,
Et que ce grand guerrier trompera tout le monde.

CHARLES.

Certes, cette valeur n'en a point de ſeconde.

AYMON.

Et bien quand ce Roger combattroit à vos yeux,
Croyez-vous pas Renaud, qu'il feroit beaucoup mieux?

RENAVD.

Ie le veux aduouër, ſa valeur eſt extréme,
Ou ie croy que ma ſœur ne ſoit plus elle-meſme.
Ah, qu'elle ſouſtient mal le droict de ſon Amant!

MARFISE.

Elle ne le ſçauroit plus courageuſement.

ROGER, bas.

Malheureux vois-tu pas que ce repos te tuë,
Reprens Roger, reprens ta vigueur abbatuë,
Songe qu'il faut mourir, obeïs toutefois,
Et ne l'offense pas pour la derniere fois.

BRADAMANTE.

Apres vn tel repos, tu ne meurs pas de honte,
Tente vn dernier effort, ou peris, ou surmonte.

Elle recommence le combat.

NAYMES.

Ils ont recommencé plus fort qu'auparauant.

MARFISE.

O malheur! ô destin variable & mouuant!
Ah! ma sœur n'en peut plus, ô regret qui me tuë!

Bradamante recule, & Roger la poursuit.

ROGER, deguisant sa voix.

Madame, confessez que vous estes vaincuë,
Que vos plus grands efforts sont en fin superflus.

Il passe sur elle, & luy oste son espée : mais Bradamante ne laisse pas de se ietter sur luy plus furieuse que auparauant.

BRADAMANTE.

Je le confesserois si ie ne viuois plus;
Mais croy qu'auec le iour ie perdray la victoire,
Et que ma seule mort t'en donnera la gloire.

AYMON.

Sire, vous voyez bien la chose comme elle est,
Ne le permettez pas, empeschez s'il vous plaist.

Il les separe.

CHARLES.

Appaisez les bouïllons de ce masle courage,
Ne le contestez plus, Leon a l'auantage.

BRADAMANTE.

Il est vray, mais ma mort.

MARFISE.

Ne desesperez pas.

Elles se retirent.

Et Roger aussi.

ROGER.

Et toy, puisque ses mains ne te l'ont point rauie,
Va finir dans l'horreur ta miserable vie.

CHARLES.

Il se veut desarmer, retirons-nous aussi.

AYMON.

O ciel! que ta iustice esclatte bien icy,
Me pouuois-tu combler d'vne parfaite ioye,
Qu'en me donnant le bien que ta bonté m'enuoye?

ACTE III.

SCENE PREMIERE.

BRADAMANTE. MARFISE.

BRADAMANTE.

EN vain vostre pitié s'offre à me secourir,
Ne me consolez plus ma sœur, ie dois mourir,
Rien ne peut destourner ce dessein immuable.
Quoy, par ma lâcheté ie viurois miserable!
Ie viuray pour Leon, & non pas pour Roger:
Ah! non, n'esperez pas de me faire changer.
Vous me verrez plustost vomir le sang & l'ame,
Qu'allumer dans mon cœur vne nouuelle flame.
Autre que mon Roger n'eut iamais ce pouuoir,
Ie sçay bien que ie l'ayme au delà du deuoir,
Et que vous, dont l'esprit a plus de retenuë,
Blasmerez vne ardeur qui vous est inconnuë.
Que vous condamnerez ces violens transports,

Qui portent vne fille à de ſi grands efforts:
Mais ſi voſtre vertu de mon amour s'offence,
Quand vous reconnoiſtrez cette meſme puiſſance,
Ce tyran de nos cœurs, qui me force d'aymer,
Vous me plaindrez, Madame, au lieu de me blaſmer.

MARFISE.

Iamais vos actions n'ont merité de blaſme.
Ie ne condamne pas vne pudique flame;
Et quoy que iuſqu'icy mon cœur ait reſiſté,
Il a plus de froideur que de ſeuerité.
Au contraire ma ſœur, vous eſtant obligée,
Ie ſuis également auec vous affligée,
Nos eſprits ſont touchez d'vne meſme douleur,
Comme mon propre mal, ie plains voſtre malheur.
Et ſi ie vous condamne en cette violance,
C'eſt de peu de courage, ou de peu de conſtance.
Vous deuriez, ce me ſemble, auec ce meſme cœur,
Qui de mille perils s'eſt retiré vainqueur,
Qui par mille combats s'eſt rendu redoutable,
Gaigner ſur voſtre eſprit la victoire ſemblable.

BRADAMANTE.

Ouy, mais ce meſme cœur que vous auez vanté,
S'eſt noircy maintenant par vne lâcheté,
Le traiſtre a peu ſouffrir que cette main plus lâche,
Efface le paſſé par vne ſeule tache:

Au lieu de me defendre & de me ſecourir,
Tous deux ont conſpiré pour me faire mourir.
Qu'ils meurent donc tous deux, puiſque le ciel l'ordonne,
Auant que ce Leon poſſede ma perſonne,
Qu'il ait quelque pouuoir deſſus ma liberté.
Laiſſez-moy donc, ma ſœur, dans cette volonté,
Et ne deſtournez plus vn deſſein legitime,
Puiſque voſtre amitié vous fait cõmettre vn crime.
Serez-vous biẽ ioyeuſe, au moins ſi vous m'aymez,
De voir mes triſtes iours en regrets conſommez,
Voir voſtre Bradamante aux larmes condemnée,
Entrer dans vn vefuage au lieu d'vn hymenée:
Que le plus odieux de tous ſes ennemis,
Se vante des baiſers qui luy ſeront permis;
Qu'il poſſede à ſon aiſe, & mes yeux, & ma bouche,
Et me mette aux enfers, me mettant dans ſa couche.
Que quand cette raiſon ne vous toucheroit point,
L'intereſt de Roger à mon malheur eſt joint,
Puiſque ſa paßion, qui m'eſt deſia connuë,
Ne verra, ſans mourir, ſa flame preuenuë.
Il ne me verra pas entre les bras d'autruy,
Sçachant que ma vertu ne pourra rien pour luy.
Car apres que l'Hymen m'aura deſia liée,
Si ma premiere amour ne peut eſtre oubliée,
Pour le moins mon deuoir la conduira ſi bien,
Que mourant à mes yeux, il n'en obtiendra rien.
Souffrez, ſi vous l'aymez comme le ſang l'ordonne,

Que n'eſtant point à luy, ie ne ſois à perſonne;
Et ne permettez pas qu'vn riual odieux,
Le pouuant empeſcher, en triomphe à vos yeux.

MARFISE.

Ie ne permettray pas qu'vn autre vous poſſede,
Mais nous y pouruoirons par vn autre remede;
Et certes ie m'eſtonne, ayant tant de vertu,
Que vous ayez le cœur tellement abbatu.
Pardonnez-moi, ma ſœur, ſi i'vſe de ces termes,
Ouy, vous deuriez auoir les ſentimens plus fermes,
Et ne teſmoigner pas à vos meilleurs amis,
Qu'ayant paru plus qu'homme entre mille ennemis,
Au moindre deſplaiſir qui trauaille voſtre ame,
Vous aués teſmoigné moins de cœur qu'vne femme.
Ie voi bien qu'en ce cas on eſt peu conſolé,
Que l'eſprit le plus fort en ſeroit eſbranlé,
Et que quand ce malheur vne amitié ſepare,
La raiſon n'agit point, & la conſtance eſt rare:
Mais que le deſeſpoir vous reduiſe à ce point,
Sçachez que voſtre amour ne vous excuſe point,
Vous ne pouués douter que ie n'aime mon frere
Autant que le deuoir m'oblige de le faire:
Et que i'ay ſon honneur & ſon repos ſi cher,
Que voſtre mal me doit egalement toucher.
Ie vous proteſte auſsi, que ie perdray la vie,
Auant que par Leon vous lui ſoyez rauie.

Mais

Mais il vous faut tenir dans des termes plus doux,
Et me laisser agir plus sagement que vous.

SCENE II.

RENAVD. MARFISE. BRADAMANTE.

RENAVD.

Comment gouuernez-vous cette desesperée?

MARFISE.

Certes, vostre presence estoit bien desirée,
Et vous me surprenez au milieu d'vn discours,
Où ie n'auois besoin que de vostre secours.

RENAVD.

Vous n'en eustes iamais dans aucune conqueste,
Et tous ces beaux lauriers qui couurent vostre teste,
C'est vostre seule main qui vous les a donnez,
Et faits ces grands exploicts qui nous ont estonnez.
Mais autant que le mal de ma sœur nous afflige,
Autant vostre pitié, Madame, nous oblige,
Et cette charité que vous luy témoignez,
A de puissans liens, dont vous nous estreignez.

Ouy, de cette bonté i'ay l'ame ſi rauie.

MARFISE.

Quand meſme ſon repos dependroit de ma vie,
Ie vous iure le ciel que ie la donnerois,
Et meſme à ce prix ie le racheterois.
Mais puiſque dans ſes maux ie ſuis intereſſée,
Vn deſſein que le ciel m'a mis dans la penſée,
Me laiſſe vn grand eſpoir qu'il nous ſera permis
De rompre encor vn coup celuy des ennemis.
Ie vous le veux ouurir, puiſque voſtre prudence
Nous fait auoir beſoin de voſtre confidence,
Et qu'auec vos conſeils il reüßira bien.

RENAVD.

Vous me comblez d'honneur.

MARFISE.

Voſtre ſœur n'en ſçait rien.
Quoy qu'aucune raiſon ne veut que ie le cache,
Ie vous en veux parler auant qu'elle le ſçache.

BRADAMANTE.

Ouure la ſource de tes pleurs,
Fais couler vn ruiſſeau de larmes,
Et meurs au moins par ces douleurs,
N'ayant peu mourir par les armes.
Preuiens cette captiuité,

Qui menace ta liberté
D'vne prison insupportable:
Et fais paroistre aux Dieux qui sont tes ennemis,
Que tu ne meurs pas miserable,
Puisque pour t'affranchir le trespas t'est permis.

Cette main, qui dans les dangers
Tesmoigna sa valeur extréme,
Est forte pour les estrangers,
Et n'est foible que pour toy-mesme.
Arme-la donc à ton secours,
Pour couper le fil de tes iours:
Mais non, estant ton ennemie,
L'ingrate à ce besoin craindroit de t'obliger,
Et sa valeur est endormie,
Sinon que ses effets te puissent affliger.

RENAVD.

Ouy, la mesme prudence ordonne qu'on le suiue,
Il faut encor vn coup que Bradamante viue.
Que sa fidelité conserue son amour,
Et reçoiue de vous le repos & le iour.
Leon est au Palais, plein d'honneur & de gloire,
Il demande desia le prix de sa victoire,
Et le vieillard Aymon, las de le caresser,
N'attend plus que ma sœur pour le recompenser,
Mais vous le troublerez.

BRADAMANTE.

Hé, dites-moy mon frere.

RENAVD.

Vous sçaurez en chemin ce que vous deuez faire,
Disposez-vous desia pour agir auec nous.

MARFISE.

Ie seray chez le Roy presque aussi tost que vous.

SCENE III.

ROGER, en son premier habit.

IE *puis, desueloppé d'vne suite importune,*
Me plaindre en liberté des traits de la fortune,
Et deuant que ma main finisse mon tourment,
Rappeller mes douleurs pour mourir doublement:
Puis que de tant de maux estant la seule cause,
Vne mort seulement seroit trop peu de chose.
Resous-toy, miserable, à mourir mille fois,
Et ne regrette pas l'estat où tu te vois.
Conserue pour toy-mesme vn sentiment farouche,
Et que de tes malheurs la pitié ne te touche,
Estant le plus cruël de tous tes ennemis,

Les pires traitemens te ſeront bien permis.
Iuſtes Dieux ! falloit-il que de mon mal extreme,
Ie deuinſſe l'autheur & la cauſe moy-meſme?
Et que i'enueloppaſſe en mon iniuſte ſort,
Celle que i'aymois tant, & qui m'aymoit ſi fort.
Eſt-ce à voſtre repos vne choſe importante,
De perdre auec Roger ſa chere Bradamante?
Et n'obtiendriez-vous pas le comble de vos vœux,
Si vous en perdiez vn, ſans les perdre tous deux?
Helas! ſi pour ſaouler voſtre haine implacable,
Vous gardiez à mes iours vn ſort ſi deplorable.
Que ne m'accordiez-vous d'aſſouuir la fureur,
Et le iuſte courroux d'vn barbare Empereur?
Si dans vne priſon i'euſſe perdu ma teſte,
Voſtre haine n'eſtoit qu'à demy ſatisfaite.
Et moy ie n'eſtois pas malheureux en tout point,
Si meſme à tous mes maux le remords n'eſtoit ioint.
Ce n'eſtoit pas aſſez d'vne ſeule victime,
Et ie deuois perir coupable d'vn grand crime.
O vous que ie perdis par cette trahiſon!
Puiſque mes repentirs ne ſont plus de ſaiſon,
Et que c'eſt vainement que la douleur me touche,
Prononcez mon arreſt par voſtre belle bouche,
Condemnez cet ingrat aux plus cruëls tourmens,
Qu'ont iamais merité les perfides amans.
Rien ne me peut ſeruir de pretexte ou d'excuſe,
Et pour vous preuenir, moy-meſme ie m'accuſe.
Il eſt vray, i'ay failly, mais par vn tel forfait,

Que rien n'effacera le crime que i'ay fait.
Cette main ſacrilege ayant eu la puiſſance
De s'armer contre vous auec tant d'inſolence,
Ayant peu conſentir à ce laſche deſſein,
Me pourra bien plonger vn poignard dans le ſein.
Auſsi ie n'en attends que ce dernier ſeruice,
Ie lui pardonne tout apres ce bon office.
Eſtant accouſtumée à me faire mourir,
Ie vois que ſa pitié s'offre à me ſecourir.
Mais ie m'eſpargnerois par vn ſi doux remede,
Non perfide, à ce coup ie refuſe ton ayde.
Tu finirois mes maux par vne prompte mort,
Et ie la veux ſouffrir, mais auec moins d'effort.
Ie veux, ie veux ſentir toute ſon amertume,
Que l'horreur de la faim me mine & me conſume,
Et que mon deſeſpoir me tuant à ſon tour,
Me faſſe auant ma mort mourir cent fois le iour.
D'vn Ours ou d'vn Lion le giſte eſpouuentable,
Sera doreſnauant ma retraitte effroyable,
Où tous ces animaux s'armeront contre moy,
Et me reprocheront que i'ay manqué de foy.
Leurs ventres affamez ſeront ma ſepulture,
Ils enſeueliront ce monſtre de nature,
Et leur dent pitoiable aux ſiecles auenir,
Effaceront mon crime auec mon ſouuenir.
Ie puis mourir, Leon, ſans que ma mort t'offenſe,
Ie me ſuis acquitté par cette recompenſe.
Bradamante eſt à toi, vis deſormais content,

Et meurs entre les bras de celle qui t'atent.
Pour moi ie t'abandonne, & cette ingrate ville,
Puisque doresnauant ie te suis inutile,
Et que sans te troubler il ne m'est pas permis
De te voir triompher du mal que i'ai commis.

SCENE IV.

CHARLES. LEON. AYMON. MARFISE. BRADAMANTE. RENAVD.

CHARLES.

PRince cheri du ciel, vostre valeur est telle,
Qu'au iugement de tous elle est plus que mortelle,
Et ne se peut payer que par vn tel present,
Apres ces beaux exploicts Bradamante y consent.
Il est vray que iamais vne fille bien née,
Ne subit sans rougir le ioug de l'Hymenée,
Et que ce long silence & cet œil abbatu,
Au lieu de son mespris tesmoigne sa vertu.
Außi dans sa froideur elle seroit blasmée,
Si de tant de vertus elle n'estoit charmée.
Les rares qualitez d'vn si parfait amant,

Amolliroient ſans doute vn cœur de diamant.

LEON.

Inuincible Empereur, ie vis dans l'eſperance,
Puiſque voſtre grandeur entreprend ma defence.
I'attends de ma valeur & de ma qualité.
Moins que de mon amour & de voſtre bonté.
L'vn & l'autre me donne vn eſprit legitime,
Et mon ambition paſſeroit pour vn crime,
Si i'oſois preſumer, que i'ay receu des cieux
Quelqu'autre qualité qui la merite mieux.
Ma ſeule paßion l'oblige à quelque choſe,
Et non pas cette loy que ma victoire impoſe.
C'eſt par là ſeulement que ie la veux fleſchir,
Et le hazard n'a rien qui me puiſſe affranchir.
Mais parmi tant de biens que le deſtin m'enuoye,
Vous ſeule eſtes contraire à la commune ioye.
Maintenant que le ciel me void d'vn ſi bon œil,
Vous me deſeſperez par vn ſi triſte accueil:
Que l'amour la plus froide & la plus retenuë,
Doit eſtre, à mon aduis, autrement reconnuë.
Monſtrez-nous donc, Madame, vn viſage content,
Ne vous oppoſez pas au bon-heur qui m'attend,
Et ſouffrez ſans regret, que le ciel nous aſſemble,
Et ioigne, pour iamais, nos deux ames enſemble.
Vous ne reſpondez rien.

AYMON

AYMON.

Bradamante parlez,
Ce ſilence indiſcret nous a deſia troublez.

MARFISE.

Ceux qui ſont trauaillez d'vn ver de conſcience,
Couurent leur repentir d'vn ſemblable ſilence.
Le ſouuenir d'vn crime imprime des remords,
Qui geſnent nos eſprits de plus de mille morts.

BRADAMANTE.

Grace aux Dieux, les remords n'affligent point mon ame,
I'ay veſcu ſans reproche, expliqués-vous Madame,
Et ne m'offenſez point en preſence du Roy.

MARFISE.

Si trahir vn amant, ſi violer ſa foy,
Si fauſſer lâchement la parole donnée,
Reuoquer des ſermens, & rompre vn hymenée,
Sont de ces actions que l'on doit eſtimer,
Au iugement de tous i'ay tort de vous blaſmer.
Vous m'entendez, Madame, & la hõte s'imprime
Sur voſtre front changé, qui confeſſe ſon crime.
Ouy, vous vous ſouuenez du iour que deuant moy,
A mon frere Roger vous donnaſtes la foy.
Renaud y fut außi teſmoin de vos careſſes,

Et le ciel appellé dans toutes vos promesses,
Auec tant de sermens, que ne les tenant pas,
Vous obligez la terre à s'ouurir sous vos pas.
C'est ce qu'auparauant que le soleil se cache,
Ie veux que par ma voix toute la France sçache,
Et que deuant les yeux de l'Empereur Romain,
Ie vous veux maintenir les armes à la main,
Vous faire malgré vous tenir vostre promesse.
Que si dans ce sujet quelqu'autre s'interesse,
Qu'il releue ce gage, & qu'il vienne au combat.
Quelle soudaine peur ce grand courage abbat.
Vous ne respondez rien, ô grands Dieux! Bradamante
A ce mot de combat pâlit & s'espouuante.
Parlez un peu, Madame, & s'il vous est permis,
Purgez-vous d'vn forfait deuant vos ennemis,
C'est moy, qui vous deffie, & sur cette querelle,
Ie veux encor Renaud vous combattre auec elle,
Si vous ne confessez tout ce qui s'est passé.

AYMON.

D'où vient qu'à ce deffi vous estes si glassé?
Quoy, l'honneur de Clairmont a-t'il pris l'espouuante?
Marfise fait trembler Renaud & Bradamante.

RENAVD.

Les plus sanglans duëls ne sont plus estrangers

A qui ne s'est nourry que parmy les dangers.
C'est le seul exercice où cette main s'adonne,
Qui iamais au combat ne refusa personne.
Elle met en vsage, & la lance, & l'escu,
Mais c'est la verité, dont ie me sens vaincu:
Ie n'ay point sur ma force assez de confiance,
Pour entrer dans le camp contre ma conscience.
Il est vrai que ma sœur est promise à Roger,
Auec tant de sermens, qu'elle ne peut changer.

AYMON.

Iustes dieux! pouuez-vous souffrir cette imposture?
Mais ie seray pour eux sensible à leur injure.
Ouy, ie veux m'opposer à cette trahison,
Qu'on brasse lâchement contre nostre maison.
Ie sçai que ce perfide a conjuré ma perte,
Mais il soûpirera, sa ruse découuerte,
Il se repentira de m'auoir offensé.

LEON.

De quels empeschemens me vois-je trauersé?
Ha, Madame, à ce coup ouurez vn peu la bouche,
Qu'à cette extremité ma passion vous touche,
Et ne conspirez pas auec mes ennemis,
Pour me voler vn bien que le ciel m'a promis.

CHARLES.

L'esprit le plus subtil ici ne verroit goute,

Bradamante, il eſt temps de nous tirer de doute:
Enfin par vos diſcours ſçachons la verité.

BRADAMANTE.

Puiſqu'il faut obeïr à voſtre Majeſté,
Ie la veux ſupplier de voir ſur mon viſage,
De ma confeßion l'infaillible preſage:
De remarquer ce front, qui parle aſſez pour moy.
Ouy, Sire, il eſt certain que i'ay donné ma foy.

LEON.

O mortelle ſentence!

AYMON.

O menſonge execrable!
Le ciel vit-il iamais vne fourbe ſemblable?
Non, non, il n'en eſt rien, ie le maintiens à tous.
Quoy, Sire, auoir le front de mentir deuant vous?
Et voſtre Majeſté, ſi ſainte, & ſi ſacrée,
Souffrir impunément l'impoſture auerée?
Ils ont également braſſé la trahiſon.

MARFISE.

Vous auez preſque attaint la derniere ſaiſon,
L'eſprit, comme le corps, s'affoiblit auec l'aage.

AYMON.

Il m'a raui la force, & non pas le courage:

Ce corps est affoibli, mais il me reste vn cœur,
Qui de mille perils m'a retiré vainqueur.
Il me reste, Madame, en sa vigueur premiere,
Et sçachez, que plustost ie perdray la lumiere,
Tout caduc que ie suis, que de souffrir de vous
Vn si sensible affront, qui nous offense tous.
La lâcheté des miens vous l'a fait entreprendre,
Mais mon propre interest m'oblige à les defendre.
Ie veux encore vn coup endosser le harnois,
Pour soustenir mon droict, & la rigueur des lois,
Faire voir à Roger, quelque part qu'il se cache,
Que le sang de Clairmont ne souffre point de tache.
Que ie ne puis suruiure à la honte des miens,
Et qu'il se mesle vn iour de disposer des siens.
Qu'il pretẽd vainement d'entrer dans ma famille,
Que Renaud n'eust iamais de pouuoir sur ma fille.
Et que quand l'imprudente auroit donné sa foy,
Elle n'a pas le droict d'en disposer sans moy:
C'est ce que ie soustiens.

MARFISE.

Le peril est extréme.
Mais quoy qu'en ce combat la gloire fust de mesme,
J'attendray sur l'espoir de vous voir rajeunir.
Cependant contre tous ie m'offre à soustenir.
Qu'on n'espere iamais d'espouser Bradamante,
Que de son propre gré mon frere n'y consente.
Et puisqu'il est absent, ie combattray pour luy.

AYMON.

Donc que ce different ſe termine auiourd'huy,
Ouy, Madame, ie veux moi-meſme vous combat-
tre,
Et de ma propre main cette inſolence abbatre,
Magnanime Empereur.

LEON.

Monſieur retirez-vous,
L'exercice de Mars eſt deſormais pour nous,
Et principalement quand l'affaire nous touche.
Ie dois ſeul m'oppoſer à cet eſprit farouche,
Et lui faire aduouër, que tres-mal à propos,
Au poinct de mon bonheur, on trouble mon repos.
I'entreprends ce duel, puiſqu'il vous plaiſt, Ma-
dame,
Ma main, auec regret, s'arme contre vne femme.
Ie verrois vn guerrier plus volontiers que vous,
Qui ſemblez deſtinée à des combats plus doux.

MARFISE.

Iamais les plus ſanglans n'ont changé ce viſa-
ge,
I'ay dans mille perils ſignalé mon courage,
Et mille caualiers, à mes pieds renuerſez,
Craignent encor la main qui les a terraſſez.

CHARLES.

La valeur de tous deux est assez recognuë :
Mais puisque nostre loy doit estre maintenuë,
Et que cette Amazone en doit estre le prix,
Ie consens à regret au combat entrepris :
Demain, dez que Phebus nous rendra sa lumiere,
Ie vous donne le camp.

MARFISE.

I'y seray la premiere.

LEON.

Ie n'auray d'autre soin que de vous preuenir.

AYMON.

Et moi, que de prier le ciel de les punir.
Va-t'en couple maudit, s'il doit faire iustice,
I'attens qu'en peu de iours l'vn & l'autre perisse.

ACTE IV.

SCENE PREMIERE.

LEON. ZENON.

LEON.

Onc vous auez perdu vostre temps & vos pas,
N'importe, cher amy, ne desesperons pas.
Poßible que le sort, inconstant & muable,
Changeant außi pour nous, nous sera fauorable.
Adieu, ie me fais tort, vous retenant icy.

ZENON.

Il s'entre.

Nous nous acheminons.

LEON.

Ie vais courir außi.
O ciel! combien est vain vn espoir qui se fonde
Sur l'estat incertain des affaires du monde,

Dont

Dont le bonheur basty sur un sujet mouuant,
Inconstant comme il est, s'efface au premier vent.
Exemple infortuné des traits de la fortune.
Helas! de quoy te sert ta memoire importune,
Que pour te raffraischir la perte de ton bien?
Croyant tout posseder, tu ne possedes rien.
Hier tu fus plein d'honneur, & ta flame imprudēte
T'auoit fait en espoir l'espoux de Bradamante.
Tu marchois triomphant de la gloire d'autruy,
Et tout ce qu'il t'acquit tu le perds auiourd'huy.
Le ciel, de quelque soin que ton crime se cache,
Veut en fin mettre au iour une action si lâche,
Et ne peut pas souffrir que tu sois possesseur
D'vn bien, dont tu serois inique rauisseur.
C'est lui qui suscita cette forte Amazonne,
Pour te faire sentir la peine qu'il te donne,
Et qui fit accorder ta folle passion
Au combat entrepris à ta confusion.
Te voila desormais perdu de renommée,
Marfise dans le camp superbement armée,
T'appelle à haute voix, & tu ne parois pas,
Pour souffrir vn affront pire que le trespas.
Mais que fera Leon sans force & sans vaillance?
Ce braue cheualier n'est plus en sa puissance,
C'est pour lui seulement qu'il l'auoit entrepris.
Le ciel me le donna, le ciel me l'a repris.
Que requerras-tu donc en ce malheur extréme?
Va Leon, va perir & combattre toi-mesme.

Va-t'en noyer ta honte, en ton ſang répandu,
Ou recouure l'honneur & le repos perdu.
Mais eſperons encor, poßible qu'à cette heure,
Du ſort capricieux l'influence eſt meilleure.
Mon amy retourné, nous reparerons tout.
Allons & pourſuiuons la queſte iuſqu'au bout.
Toi qui me fis commettre vne ſi grande faute,
Qui fis bruſler mon cœur d'vne flame ſi haute.
Puiſſant maiſtre des dieux, Amour guide mes pas,
Guide-moi ſur les ſiens, ou me guide au treſpas.

SCENE II.

ROGER.

O Dieuſe clarté ie te ſouſtiens encore,
Soucis qui me tuez, ennuy qui me deuore,
Eternelles douleurs, regrets, peines, remords,
Me laiſſez-vous viuant apres cent mille morts?
Donc toutes vos rigueurs n'ont pas aſſez de force,
Pour chaſſer cet eſprit de ſa debile eſcorce.
Mais pourquoy ferez-vous des efforts ſuperflus,
Pour dépouiller du iour celuy qui ne vit plus?
S'il viuoit, verroit-il ſa chere Bradamante,
Au milieu des baiſers, deffaite & languiſſante,
Repouſſer vn Leon qui la tient en ſes bras,

Et ſon reſſentiment ne l'accableroit pas?
Verroit-il vn riual qu'aucun ſoucy ne touche,
Former à tout moment ſur cette belle bouche,
Sur ces mains, ſur ces yeux quelque amoureux deſſein,
Sans lui mettre cent fois vn poignard dans le ſein?
Et toutesfois il vit, il le voit & l'endure,
Et meſme ſon deuoir ne veut pas qu'il murmure.
Non, pour ne perdre point la gloire d'vn bien fait,
Ie ne me repens point du bien que ie t'ay fait.
Vy Leon, vy content, vn long ſiecle d'années,
Le ciel, ſelon tes vœux, face tes deſtinées,
Et verſe deſormais ſur Bradamante & toy,
Tous les meſmes bonheurs que i'attendrois pour moy,
Et qu'il comble d'horreur le reſte de ma vie,
Si tes proſperitez me donnent de l'enuie.
Cependant me voicy dans le profond du bois.
Le creux de ce rocher qui reſpond à ma voix,
Pourra bien, pour ce ſoir, me ſeruir de retraite:
Mais ſans aller plus loin, la voicy toute preſte.
Ce mol & vert gazon ſe preſente à propos
A ces membres mourans pour vn peu de repos.
Qu'ils ſe repoſent donc, puiſqu'il les en inuite,
Et que doreſnauant ce ſoit leur dernier giſte.
Ce ſejour me contente, & me ſemble aſſez beau,
Tout affreux comme il eſt, pour faire mon tombeau.

Terre, que ie choisis pour derniere demeure,
Si iamais du destin l'influence meilleure,
Que celle qui t'afflige, en voyant mon trespas;
Fais que ma Bradamante adresse icy ses pas,
Contrains-la de s'asseoir en cette mesme place;
Et là, si tu le peux, conte luy ma disgrace.
Dis luy que son Roger, ah! change de discours,
En fin dy que Roger finit icy ses iours.
Ces arbres t'ayderont, mesme si i'ay la force,
Ie graueray deux mots sur la prochaine escorce.
Que le dieu du hazard, & celuy de l'Amour,
Pour me iustifier, lui feront voir vn iour.

Il graue sur l'escorce de l'arbre, & lit apres l'auoir escrit.

Icy mourut Roger, qui se priua de vie,
Mais ne l'en blasmez pas,
Son deuoir le commande, & l'honneur l'y conuie,
Pouuoit-il s'excuser d'vn si noble trespas?

Que ie serois heureux, si cette belle bouche
Vous prononçoit vn iour au pied de cette souche,
Et remarquoit ma main, qu'elle connoist assez,
Sur ces mots que le temps aura presque effacez.
Mais ie me flatte en vain contre toute apparence,
C'est cõmettre vn peché d'auoir quelque esperance.
En l'estat où ie suis, ie ne dois plus songer,
Qu'aux objets seulement qui peuuent affliger.

SCENE III.

LEON. ROGER.

LEON.

HElas, qui finira mes courses incertaines?
Qui me retirera de mes recherches vaines?
Et quel dieu charitable escoutera ma voix?
Ie me sens inspiré de visiter ce bois.
L'herbe de cet endroit me semble vn peu foulée,
Vne certaine ioye en mes sens s'est coulée:
Ie suiurai ce sentier, de peur de m'esgarer.
Ie voy des pas formez, mais i'entens souspirer.
Escoutons si la voix iusqu'à nous paruenuë,
Approchant de plus prez, pourroit estre connuë.

ROGER.

Non, ne t'afflige plus mon ame,
Nous voicy desia dans le port,
Poßible crains-tu que la mort
Ne fasse pas mourir ta flame,
Et que dans les enfers tu portes le flambeau,
Qui te doit brusler au tombeau.

LEON.

Il entre dans le bois.

Qu'à trauers ces buissons ie me face vne voye,
I'entens desia la voix, il faut que ie le voie.

ROGER.

Icy ton malheur est extréme,
Que rien ne te peut secourir,
Mais, lâche, voudrois-tu guerir,
Quand il dependroit de toi-mesme?
Pouuoir estre vn moment, & ne l'adorer pas,
N'est-ce point pis que le trespas?

LEON.

I'entreuois maintenant au pied de cette roche
Vn caualier sur l'herbe, il faut que ie m'approche.

ROGER.

Vous que i'ay tousiours adorée,
Diuine & charmante beauté,
Croyez que ma fidelité
Ne fut iamais plus asseurée,
Et quoy que le deuoir ait exigé de moy,
Ie vous ay conserué ma foy.

Elle ne fut iamais plus forte,
Mais le ciel me fit obeïr,
Et me força de vous trahir,

Pour ſuiure vn deuoir qui m'emporte.
Le deuoir & l'amour firent également
Vos déplaiſirs & mon tourment.

LEON.

Ah, mon ame, à ce coup chaſſe toute ta crainte,
Cette blanche licorne, en cét eſcu dépainte,
Le fait aſſez connoiſtre, & ſa taille & ſa voix,
Courons donc de ce pas l'embraſſer mille fois.
Ne precipitons rien, peut-eſtre par ſa bouche
I'apprendray maintenant le regret qui le touche,
Et que pour me cacher, il prenoit tant de ſoin,
Il mettra tout dehors, ſe croyant ſans teſmoin.

ROGER.

Ie vous ayme ſans eſperance,
Ma flame ne void point de iour,
Toutefois ma premiere amour
Ne reçoit point de difference.
Le ciel, qui peut changer voſtre condition,
Ne change point ma paßion.

Ie veux qu'vn autre vous poſſede,
Viuez entre les bras d'autrui,
Ie vous cheris auec lui:
Mon mal me donne mon remede.
Vous eſtes ſatisfaite, & ie le ſuis außi,
Puis qu'Amour me l'ordonne ainſi.

LEON.

Non, non, ie ne ſçaurois ſupporter dauantage,
Ces diſcours inconnus où ſon amour l'engage.
C'eſt trop de patience auec tant d'amitié,
Et deſia ſa douleur me tranſit de pitié.
Ha, mon frere, aduouëz que vous eſtes coupable.

ROGER.

Helas! quel importun trouble ce miſerable!
Que dãs ces lieux d'horreur tu viens mal à propos,
Ne me refuſe point ce reſte de repos.
Adieu, pourſuis tes pas, le ciel te ſoit propice.

LEON.

Eſt-il dans ces deſerts tygre qui ne flechiſſe?
Retirons-le d'erreur, quoy! m'eſloigner de vous,
N'en dois-je point attẽdre vn traitement plus doux?
Sont-ce là les accueils où l'amitié conuie?

ROGER.

Ha, Leon, quel demon ennemy de ma vie,
Vous conduit en ces lieux, pleins d'horreur & d'effroy,
Où meſme il ne voit rien d'effroyable que moy.

LEON.

Le deſir de trouuer, non pas cet effroyable,

Mais

Mais mon fidel amy, ce caualier aymable,
La moitié de ma vie, & l'autheur de mon bien,
Et sans qui desormais ie n'espere plus rien.

ROGER.

Maintenant vostre enuie est à plein satisfaite,
Vous m'auez rencontré, vous voyez ma retraite.
Sçauez-vous mon dessein? c'est celuy de mourir.
Que si vostre amitié songe à me secourir,
Ie n'en puis receuoir qu'vn seruice agreable,
C'est de quitter bien tost ce bois espouuentable,
Me laisser en repos, & ne me troubler pas
Dans le bien que le ciel m'accorde à mon trespas.

LEON.

Iustes dieux, qui croiroit que l'amitié permette
Vne tant inhumaine & barbare requeste!
Quoy, mon plus cher amy, m'oze-t'il conjurer,
Que sans le secourir ie le laisse expirer?
Que cent fois plus cruël, qu'vne fiere lionne,
Ie sçache son trespas, & que ie l'abandonne.
O dieux, quelle pensée! helas, remettez-vous,
Mon frere, reprenez des sentimens plus doux,
Chassez ce desespoir, dont i'ignore la cause,
Que si pour l'adoucir il se peut quelque chose,
En presence des dieux ie vous donne ma foy,
Et comme cheualier, & comme fils de Roy,
Que i'y perdray mes biens, mes amis, & ma vie,

ROGER.

Que ma condition ſeroit digne d'enuie,
Et que cette amitié dans vne autre ſaiſon,
Me rendroit bien heureux auec iuſte raiſon:
Mais puis que mon malheur me la rend inutile,
Helas, ne trouuez plus ma priere inciuile.
De ſi fortes raiſons m'obligent au treſpas,
Que vous me faites tort de ne l'auancer pas.
Et ſi vous le ſçauiez, vous auouëriez vous meſme,
Qu'vn extréme malheur veut remede extréme,
Mon deuoir me l'ordonne, & le ciel l'a voulu.

LEON.

Puis que dans ce deſſein ie vous voy reſolu,
Et que c'eſt vainement que ie vous en coniure,
Nous courons donc tous deux vne meſme auanture.
Ie meurs auec vous, & le meſme deſtin,
Qui ioignit nos deux cœurs, confondra noſtre fin.

ROGER.

C'eſt à ce coup, Leon, que vous perdrez l'enuie,
Qui vous rend ſi ſoigneux de conſeruer ma vie.
Il n'eſt, il n'eſt plus temps de rien diſsimuler,
Apprenez en deux mots dequoy vous conſoler,
Et ſoyez aſſeuré qu'apres ma deſcouuerte,
Vous ſerez le premier à deſirer ma perte.
Vous regrettez ma mort, vous la deſirerez,

Vous m'en voulez distraire, & vous m'y pousserez.
Cet ami, que le ciel fit vostre redeuable,
Qui tient le iour de vous, & qu'vn sort fauorable
Fit d'vn si grand bienfait acquitter à demi,
C'est vostre plus cruël & plus grand ennemi.
En vn mot c'est Roger, par cette connoissance
Vous sçauez mon amour, mes faicts et ma naissance.
Celle que vous aymez, ma liberté charma,
Et contre mon espoir, Bradamante m'ayma.
Sur vn roc esleué dans le milieu des ondes,
Où le flot abisma nos troupes vagabondes,
Par la faueur du ciel eschoüé sur le bort,
Vn bienheureux vieillard m'en tira demi mort.
Et cet enfant du ciel par sa sainte priere,
M'ayant soudain remis en ma santé premiere,
Par ses sages discours me desilla les yeux,
Et me purgea l'esprit de l'erreur de nos dieux.
Quand Roland & Renaud sur le roc arriuerent,
Qui contre leur attente en ce lieu me trouuerent,
Et m'ayant reconnu mesme changé de loy,
Tous deux pour Bradamante ils me donnent la foy.
Le frere me l'accorde, & sur cette esperance,
Abandonnans l'écueil nous repassons en France.
Charles nous caressa, la Cour nous fit honneur,
Mais rien ne fut égal à mon premier bonheur.
Ah, que ce souuenir sensiblement me touche,
Ie vois ma Bradamante, & de sa belle bouche

Ie receus cet arreſt ſi charmant & ſi doux,
Qui m'auoit deſtiné pour eſtre ſon eſpoux.
En vn mot entre nous la parole donnée,
Me faiſoit eſperer vn heureux hymenée,
Quãd le ciel pour troubler nos bonheurs apparens,
Suſcita contre nous ſes auares parens.
L'eſclat de vos grandeurs leur offuſqua la veuë.
Que ſi voſtre vertu leur euſt eſté connuë,
Qu'elle euſt ſans autre eſgard borné leur paſſion,
Ie les euſſe excuſez dans leur ambition.
Soudain piqué d'amour, de cholere & de honte,
Et ne pouuant ſouffrir qu'vn riual me ſurmonte,
I'abandonne la cour auec vn fort deſſein,
D'aller, ſans retarder, vous transpercer le ſein,
De me perdre ou vous perdre au milieu de la Grece.
L'impatient deſir d'executer me preſſe,
Ie paſſe en Bulgarie, où ie vis à l'abbort
Des ſpectacles d'horreur, de carnage & de mort.
Là ie vis de courroux & de rage enflamées,
Se heurter fierement deux puiſſantes armées,
Qui nagerent d'abbord dans leur ſang répandu.
Le combat demeura quelque temps ſuſpendu,
Mais les Bulgariens à la fin vous cederent,
Leur Roy demeura mort, leurs trouppes reculerent,
Lors que par vn ſoldat du ſuccez aduerti,
I'embraſſe contre vous le plus foible parti,
Et vous cherche par tout, plein de haine & de rage,
Il ſeroit ſuperflu d'en dire dauantage,

Et comment à ſon tour voſtre trouppe ceda,
Vous ſçauez mieux que moi tout ce qui ſucceda.
Ma priſe, ma priſon, & voſtre courtoiſie,
Et que d'vn tel bienfait i'eus l'ame ſi ſaiſie,
Que l'amitié chaſſant la haine hors de mon ſein,
Ie conceus de l'horreur pour mon premier deſſein:
Et ne veux reparer cette damnable enuie,
Qu'en cherchant le moyen de vous donner ma vie.
Maintenant, ô Leon, que vous me connoiſſez,
Pourquoy m'eſpargnez-vous ſi vous me haïſſez?
Que vous ſert au coſté cette inutile eſpée,
Que du ſang odieux iuſqu'aux gardes trempée,
Vous ne vous deſliurez d'vn ſi grand ennemi?
S'il ne meurt par vos mains, il ne meurt qu'à demi.
Vous n'eſtes point cruël en le priuant de vie,
Puiſque le droit le veut, & qu'il vous y conuie.
Quoy, vous doutez encore, & ne connoiſſez pas
L'auantage pour vous qui ſuiura mon treſpas.
Bradamante eſt à moi, ſa parole eſt donnée,
Et ma mort ſeulement peut rompre l'hymenée.
I'ay beau quitter mes droits, i'ay beau vous la ceder,
Nul, tant que ie viuray, ne la peut poſſeder.
Faites-moi donc mourir, ou ſouffrez que ie meure,
Et puis qu'en voſtre endroit la fortune eſt meilleure.
Allez iouïr des biens que le ciel vous promet,
Et gouſter des douceurs tandis qu'il le permet.

LEON.

Ne trouuez pas mauuais de voir ſur mon viſage,
De mon eſtonnement vn ſi grand teſmoignage.
Certes, cette nouuelle à l'abbort m'a ſurpris,
Et ce nom de Roger a ſaiſi mes eſprits.
Non pas qu'il ait changé l'amour que ie vous porte,
Son ardeur au contraire en eſt beaucoup plus forte:
Et ce nom meſme au lieu de la diminuër,
M'oblige dauantage à la continuër.
Il eſt vray que Roger m'a donné de la haine,
Autant que ſon amour m'a procuré de peine,
Et que i'ay ſouhaitté ſa ruine & ſon mal,
Comme on peut ſouhaitter la perte d'vn riual.
Mais ſi i'euſſe d'abord reconnu ſa perſonne,
Il euſt receu de moi le cœur que ie lui donne;
Et quand dans la priſon il ſe fuſt découuert,
Il n'en euſt reſſenti que ce qu'il a ſouffert.
I'adore la vertu par tout où ie la treuue.
Que s'il en euſt voulu quelque meilleure preuue,
I'atteſte deuant Dieu, que i'aurois fait pour lui,
Ce qu'auecque raiſon ie veux faire auiourd'hui.
Ouy, ſi vous ne m'euſsiez par cette meſfiance
Deſrobé le bon-heur de voſtre connoiſſance,
Et caché voſtre nom mieux que voſtre vertu,
Iamais en ma faueur vous n'euſsiez combattu.
Ie n'aurois point ſouffert qu'on vous euſt conteſté
Celle qu'imprudemment ie vous auois oſté,

Et que ie vous redonne auec vn repentir
Des maux que mon erreur vous a fait ressentir.
Venez-la donc reuoir, puis qu'Amour vous l'ordonne ;
Et que vostre victoire auec lui vous la donne.
Elle est vostre, & pas vn ne vous la peut oster,
Que si l'auare Aymon vous la veut contester.
La moitié de la Grece est assez spacieuse,
Pour saouler l'appetit d'vne ame ambitieuse ;
L'Empire d'Orient nous laisse aßez pour tous.

ROGER.

Ces excez de bonté n'appartiennent qu'à vous,
Il n'est qu'vn seul Leon qui se vainque soi-mesme.
O qu'en ces actions vostre gloire est extréme,
Que vous meritez bien vn si rare bienfait,
Et que le ciel est iuste au present qu'il vous fait.
Non, il n'est qu'vn Leon digne de Bradamante,
Qu'il la poßede donc, qu'elle viue contente,
Et gouste desormais des douceurs auec lui,
Que la faueur des dieux leur promet auiourd'hui.

LEON.

Quoy donc, vos premiers vœux sont encore si fermes!
De grace, cher ami, changeons, changeons de termes,
Et ne retenez rien de l'horreur de ces bois,
S'il vous faut coniurer pour la derniere fois.

Ie ne vous parle point de l'amitié passée,
Puisque de vostre esprit elle est presque effacée:
Mais par la passion qui vous conduit ici,
Que cette passion vous en retire aussi.
Ne me refusez pas cette derniere grace.

ROGER.

Il n'est rien que pour vous mon amitié ne face,
Mais vous rauir vn bien par vne lâcheté,
Que vostre courtoisie a si bien merité.
Ne bastir mon bonheur que sur vostre ruine,
Ah, Leon, seulement ce penser m'assassine.
Vous m'offrez vn poignard pour vous percer le sein,
Et ie dois consentir à ce lâche dessein;
Hé, quelle opinion auez-vous de mon ame?
Non, non, viuez heureux au sein de vostre Dame.
Bradamante est à vous, le ciel le veut ainsi,
Et le ciel m'est tesmoin que ie le veux aussi.

LEON.

Si ce point seulement vous defend de me suiure,
Rien plus ne vous defend d'esperer & de viure.
Ne considerez plus Leon, ni son amour,
Puisqu'en vous connoissant il a perdu le iour.
Non, non, ie n'ayme plus, & ne tiens Bradamante,
Vos interests à part, que pour indifferente.
Eust-elle plus d'appas, ie suis sans passion.
Que si vous lui gardez vn peu d'affection,

Et si dans vostre cœur sa belle image empreinte,
Dans l'horreur de ces bois n'est pas encore esteinte.
Ie vous coniure icy par ce premier pouuoir,
Et par tous vos sermens de la venir reuoir.
Elle vous le commande, & ie vous en coniure.

ROGER.

Que deuiendra mon ame au combat qu'elle endure?
Les larmes d'vn ami, l'amour & le deuoir,
Pour ébransler vn cœur ont beaucoup de pouuoir.
Bien, vous auez vaincu mon ange tutelaire,
Me voicy desormais resolu de vous plaire.
Mais ie proteste encor, comme i'ay protesté,
Que vous me contraignez à cette lâcheté,
Et que ie tiens de vous vne seconde vie.

LEON.

C'estoit moi seulement qui vous l'auois rauie.
Mais puis que ie me vois au comble de mes vœux,
Allons, allons reuoir vn climat plus heureux.
Allons rauir la cour, & sur tout Bradamante,
Qui, comme ie l'ay sceu, se meurt dãs cette attente.
Ostons-lui le sujet qu'elle a de me haïr.

ROGER.

Allons, ie ne viuray que pour vous obeïr.

ACTE V.

SCENE PREMIERE.

CHARLES. AYMON. MARFISE.

CHARLES.

Pour moi, de quelque ſens que ſon depart s'explique,
Ie ne ſçaurois auoir la croyance publique.
Apres tant de valeur qu'il vient de teſmoigner,
La crainte d'vn combat l'auroit fait eſloigner:
C'eſt ce que mon eſprit trouue bien difficile,
Outre que tous les ſiens ſont encor à la ville.
Ses pauillons tendus attendent ſon retour,
Toutefois en ceci ie ne voy point de iour.
Sur le point de combattre aux yeux de ſa maiſtreſſe,
Dans ce retardement ſon honneur s'intereſſe.
Marfiſe a comparu, le iour eſt expiré,
Et le peuple confus en fin s'eſt retiré.

Tout le monde le blasme, & malgré moi i'escoute
Les sentimens diuers qui me tiennent en doute.

AYMON.

Ah, Sire, n'esperez d'vn Prince si bien fait,
Que les deportemens d'vn caualier parfait.
Il est vray qu'auiourd'hui son absence est estrange,
Mais comme en vn moment la fortune se change,
Quelque grand accident lui peut estre aduenu,
Quelque soudain malheur qui l'aura retenu:
Car enfin on sçait bien, que iamais dans la France
On n'auoit veu combattre auec plus de vaillance.
Et cette Bradamante, indomptable aux combats,
Presque sans resistance a mis les armes bas.
Quelque presomption, quelqu'orgueil qui l'ẽporte,
Marfise, on le sçait bien, n'est pas gueres plus forte.

MARFISE.

Que ne paroist-il donc ce gendre pretendu?
Et pourquoy dans le camp ne s'est-il point rendu?
Ce Braue, ce Vaillant, qui pour vne maistresse,
Auec ce grand esclat, estoit venu de Grece,
Et depuis refroidy s'est retiré sans bruit.
Peut-estre il croit encor que Marfise le suit,
Et mettant en oubly Bradamante & ses charmes,
Il a creu que ses pieds sont ses meilleures armes,
Preferant son salut à ses affections.
Vous voila bien décheu de vos pretentions.

Pauure Aymon, les desseins que vous formiez en Grece,
Se sont éuanouis, voila vostre tristesse.
Vous auez beaucoup moins le visage riant,
Que quand vous gouuerniez l'Empire d'Orient.

AYMON.

Possible croyez-vous que mon aage dispense,
Me croyant affoibli, de me faire vne offense.
Vous me croyez sans cœur & sans ressentiment:
Mais ie vous veux tirer de vostre aueuglement,
Et soustenir les droicts d'vn homme en son absence,
Que vous deuriez blasmer seulement en presence.
C'est vne lâcheté que ie ne puis souffrir,
Et ce n'est que pour lui que ie me viens offrir.
Ie combats pour Leon.

MARFISE.

Ie suis desia renduë,
Ie voy que sa querelle est trop bien defenduë.
O de quel champion le ciel l'aura pourueu!
C'est ce qu'à son depart il auoit bien preueu,
Et remettant sur vous tout ce qu'il peut pretendre,
Il laisse vostre fille & ses droicts à defendre.
Conseruez-les, Monsieur, iusques à son retour,
Vous le verrez venir tout embrasé d'amour,
Porter sur vostre teste vne riche couronne.

AYMON.

Madame, c'est assez, ne querellez personne,
Sans le respect du Roy, on vous tesmoigneroit.

CHARLES.

N'allez pas plus auant, ce courroux vous nuiroit.
Vous estes violent, & l'ardeur vous emporte.

AYMON.

Croyez que ma vigueur n'est pas encore morte.

RENAVD.

Il est vray que de soy son naturel est doux,
Mais il est dangereux quand il entre en courroux.

AYMON.

Vous vous tenez tousiours dans vostre complai-
sance,
Vous estes vn bon fils.

CHARLES.

Quel cheualier s'auance?
Leon qui le conduit nous en esclaircira.

AYMON.

Bien Marfise, voicy qui vous repartira.

SCENE II.

LEON. CHARLES. AYMON. MARFISE. ROGER. RENAVD.

LEON.

Roger doit auoir les armes de Leõ, sous lesquelles il auoit combattu.

CE n'est pas sans sujet que vostre renommée,
Est iusqu'au bout du monde heureusement semée.
Que les plus éloignez parlent auec honneur
De vos rares vertus, & du rare bonheur,
Qui dans tous vos projets vous rend le ciel propice.
Sur tout, tout l'Vniuers connoist vostre iustice,
Et cette exacte foy, que vous gardez à tous,
Sire, sur cet espoir ie me presente à vous,
Sçachant que la parole inuiolable & sainte
D'vn si grand Empereur ne peut pas estre enfrainte.
La vostre vous oblige à me donner le prix,
Qui me fut accordé du combat entrepris.
Puisque par vostre Edict Bradamante est promise
Pour legitime espouse à qui l'aura conquise.
Ie ne sçaurois douter des promesses d'vn Roy,
Ie vous en somme donc, mais ce n'est pas pour moy.

Ce vaillant cheualier, amoureux de ses charmes,
La vainquit sous mon nom & sous mes propres armes:
C'est sur lui seulement que cette Aigle parut,
Et Leon fut exempt du danger qu'il courut.
Ie viens pour publier, & ma honte, & sa gloire,
Et luy pour demander le fruict de sa victoire,
Que vostre Majesté ne luy peut refuser.

CHARLES.

Leon, tout ce discours est pour nous abuser.
Ie n'ay iamais douté que ce ne soit vous-mesme.
I'ay veu dans ce combat vostre valeur extréme,
I'ay moy-mesme admiré vos redoutables coups,
Et vous nous asseurez que ce ne fut pas vous.

LEON.

Non, Sire, ou qu'à present deuant vous ie perisse,
Ce fut ce cheualier, faites-luy donc iustice.

AYMON.

Iamais estonnement ne fut semblable au mien,
Que vous sert-il de feindre? aussi n'en croit-on rien.

LEON.

Il le faut croire ainsi, puisque ie le dépose,
Et que ce caualier soustiendra bien sa cause.

MARFISE.

Quand il ſeroit le Dieu qui preſide aux combats,
Il pretend vainement ce qu'il n'obtiendra pas.
Ce deſſein eſt fatal, à quiconque l'attente,
On ne peut ſans mourir ſonger à Bradamante,
Suffit que ie ſouſtiens le droict de ſon eſpoux,
Et que ie l'en ſçauray rebuter comme vous;
Et s'il a ce deſſein i'obtiendray la licence,
Qu'il vienne dans le camp faire voir ſa vaillance.

LEON.

On n'eſpouuente point cet eſprit de leger,
Non, Madame, il n'eſt pas moins vaillant que Roger.

MARFISE.

Qu'il le témoigne donc ſans tarder dauantage.

LEON.

Il luy leue la viſiere.

Mais auant le combat regardez ſon viſage,
Madame, le voila preſt à vous contenter.

MARFISE.

M'abuſez vous, mes yeux, il n'en faut plus douter.
Ah, mon frere, c'eſt vous.

ROGER.

Ouy, c'eſt moy qui vous blaſme

D'auoir

D'auoir trop bien ſerui mon repos & ma flame,
Et de trop d'amitié pour vn frere perdu.

RENAVD.

Donc apres tant de vœux le ciel nous l'a rendu.
O mon frere, ô Roger.

ROGER.

Souffrez que ie vous quitte.
Et qu'enuers l'Empereur d'vn deuoir ie m'acquitte.

CHARLES.

Quoy, ſuis-ie le dernier qui vous dois careſſer?
Non, mon fils, approchez, ie vous veux embraſſer.
Ah! que le ciel me donne vne parfaite ioye,
Et que ie ſuis rauy du bonheur qu'il m'enuoye?
Qu'on vous a deſiré dans toute cette Cour.

AYMON.

Les dieux en ſoient louëz, vous voila de retour.

ROGER.

Si voſtre Majeſté comble de tant de grace,
Vn pauure cheualier que faudra-il qu'il face,
Pour n'eſtre pas ingrat aux faueurs qu'il reçoit,
Mourir en vous ſeruãt, c'eſt le moins qu'il vous doit.
Auſſi i'ay proteſté par cette obeiſſance,
Que mon cœur vous iura depuis ma connoiſſance,
D'employer tous mes iours dans la fidelité,
Qui m'attache à iamais à voſtre Majeſté.

CHARLES.

Ces bonnes volontez me rendent redeuable,
Aussi viuez certain d'vne amitié semblable,
Connoissant vos vertus, i'en feray tousiours cas.
Mais dieux! se peut-il bien qu'on ne s'abuse pas,
Que dessous ce harnois, & contre nostre attente,
Vous ayez en effet combattu Bradamante?

LEON.

Que vostre majesté m'escoute s'il luy plaist,
Elle aprendra de moy l'affaire comme elle est,
Et quoy que ce recit soit contraire à ma gloire,
Ie vous en rediray la veritable histoire.
Constantin & Vatran Roy des Bulgariens,
Tous deux proches voisins, tous deux grands terriens,
Sur les inimitiez d'vne vieille querelle,
Se faisoient dés long-temps vne guerre mortelle.
Conducteur de l'armée, apres plusieurs combats,
I'auois presque reduits nos ennemis à bas.
I'entray dans leur païs quand leur Roy se dispose
De finir les malheurs que la guerre lui cause,
Nous presente battaille, & le iour ordonné,
Chaque troupe parut au combat assigné.
Dés que les instrumens les eurent animées,
On vit branler d'abbord ses deux fieres armées.
Dont le choc furieux & les cris pleins d'horreur,

Aux cœurs plus asseurez donnoient de la terreur,
Soudain de mille corps la terre fut couuerte,
Encore aucun party ne reconnoist sa perte,
Et l'on void les mourans ensemble renuersez,
Tant amis qu'ennemis, pesle-mesle entassez.
Et le sang a desia changé toute la plaine,
La victoire arresta longuement incertaine,
Encor aucun party ne peut estre vainqueur,
Lors qu'animant les miens, ie leur remets le cœur.
Ie fends l'espée au poing la troupe plus espaisse,
Là i'apperceus Vatran, qui fend aussi la presse.
Nous nous ioignons tous deux, & sans estre empeschez,
Nous fusmes quelque temps au combat attachez.
Mais en fin ennuyez d'vne si longue guerre,
Percez de plusieurs coups, ie le porte par terre.
Sa mort traïsna soudain la deffaite des siens,
Qui tous espouuentez quittent la place aux miens.
En fin tout se desbande, & se met à la fuite,
Le Gregois court apres, ardant à la poursuite:
Mais lors qu'à la deffaite ils sont plus empressez,
Par vn seul caualier ie les voy repoussez,
Qui comme vn tourbillon en l'esclat d'vn tonnerre,
Renuerse en vn moment vn escadron par terre.
A ce premier abbort tout fait iour, tout le fuit,
Où il tourne ses pas la victoire le suit,
Et la mort infaillible en tous lieux l'accompagne,
Il a de mille morts jonché cette campagne,

Et le ſang qui ruiſſelle en mille & mille lieux,
Sous tant de corps mourans eſpouuente nos yeux,
Connoiſſant à ſa traſſe vn chemin aſſez ample,
L'ennemy ſe rallie, & tuë à ſon exemple:
Ses redoutables coups font peur meſme de loin,
Pour moi ie fus content d'en eſtre le teſmoin,
Et du haut d'vn coſteau qui découure la plaine,
Ie le voy tout ſanglant, ſans cholere & ſans haine,
Et la perte des miens ne me peut animer,
Tant ſa rare valeur me force de l'aymer,
Voyant entierement noſtre troupe deffaite,
Ie veus ſauuer le reſte, & faits vne retraite.
Roger éguilonné de cholere & d'amour,
Eſtoit parti d'icy pour me priuer du iour,
Et piqué viuement du deſſein qui le preſſe,
Il alloit me chercher au giron de la Grece.
Il meſpriſe la voix du peuple qui le ſuit,
Mais eſtant deſia las & proche de la nuit,
Il couche à Nauangrade, où ſon hoſte s'auiſe
De cette redoutable & ſanglante deuiſe.
La ville eſtoit à nous, & par le Gouuerneur
Il fut ſurpris au lict ſans peine & ſans honneur.
On le mene à mon pere, & luy plein de vengeance,
Reſolut de le perdre eſtant en ſa puiſſance,
Le met dans des cachots qui ſont priuez du iour,
Moi que tant de valeur auoit remply d'amour,
Ie ne peus voir long-temps le traitter de la ſorte,
Ie tuë ſon geolier, ie fais rompre ſa porte,

Et pendant le ſilence & l'horreur de la nuit,
De l'obſcure priſon ie le tire ſans bruit,
Me fais connoiſtre à lui, le careſſe & l'embraſſe,
Il me careſſe auſſi, mais de ſi bonne grace,
Que l'amour que i'auois s'en accreut de moitié,
Et ſe forma deſlors vne ardante amitié.
Bien peu de temps apres porté de l'eſperance,
Et guidé de l'Amour, i'arriuay dans la France.
Lui ſans eſtre connu m'accompagna touſiours,
Je le fis confident de toutes mes amours,
Et deſlors que ce bruit vint troubler mon attente,
Qu'il falloit au combat acquerir Bradamante,
Certain de ſa valeur, & certain de ſa foy,
Ie le vins coniurer de combattre pour moy.
Où d'vn ſimple bienfait, reconnoiſſance extréme,
Ce pauure cheualier s'arma contre ſoi-meſme,
Reſolu de mourir combattit à vos yeux.
Vous ſçauez ſi pour ſoi on ſçauroit faire mieux.
Vous ſçaurez à loiſir le ſuccez de ſa fuite,
Le regret que i'en eus, & ma longue pourſuite,
Comme il m'a découuert ſon nom & ſes amours,
Que nous vous apprendrons par vn plus long diſcours.

CHARLES.

Certes, iamais recit ne vint à mes oreilles,
Qui toucha mon eſprit de ſi grandes merueilles.
Ces excez de vertus ſont encor ſi nouueaux?
Que l'on n'en vid iamais des exemples ſi beaux.

Pour moi ie les admire, & desia me prepare
D'estre participant d'vne amitié si rare,
Si vous souffrez vn tiers dans vostre affection.

ROGER.

Si vous nous esleuez à tant d'ambition,
Vous enorgueillirez deux ames insolentes,
Et que trop de faueur rendra mesconnoissantes.

RENAVD.

Ie perdrois à regret l'espoir que i'ay conceu,
Si dans cette vnion ie n'estois point receu.

ROGER.

Ie me console aussi d'vne telle esperance,
Ie sçay ce que ie dois à l'honneur de la France,
Et ie n'ignore point la bonne volonté,
Dont ie suis redeuable à sa seule bonté,
Que ie recognoistray par cette mesme vie,
Qu'il a par son support à iamais asseruie.

RENAVD.

Ces complimens sans fin témoignent des froideurs,
Mais d'où viẽnent ces gens? ils sont Ambassadeurs.
I'ignore leur païs, mais si on les escoute,
Le discours qu'ils feront, nous tirera de doute.

SCENE III.

AMBASSADEVRS DE BVLGARIE.
CHARLES. ROGER. RENAVD.
AYMON. LEON.

AMBASSADEVRS DE BVLGARIE.

Sire, nous esperons de vostre Majesté,
D'obtenir le pardon de nostre liberté.
Nous courons inconnus de prouince en prouince,
Mais iusqu'icy sans fruit, à la queste d'vn Prince.
L'amas de cheualiers qui suiuent vostre cour,
De tous les plus fameux l'ordinaire sejour,
Nous a fait conceuoir quelqu'ombre d'esperance,
Qu'apres tant de trauaux nous le verrõs en France,
Et que nostre malheur viendroit à se changer.

CHARLES.

Nous direz-vous son nom?

AMBASSADEVRS.

Ouy, Sire, c'est Roger.

CHARLES.

Si pour luy seulement vous l'auiez entreprise,
Vostre queste finit, voila Roger de Ryse.

ROGER.

Ouy, ſi vous attendez du ſeruice de moy,
Expoſez vos deſſeins, parlez deuant le Roy,
Me voicy deſormais diſpoſé de vous plaire.

AMBASSADEVRS.

O ciel! que nos trauaux ont vn ample ſalaire,
Que tous nos deplaiſirs & nos malheurs paſſez,
Par vn ſi grand bonheur ſont bien recompenſez,
Toute la Bulgarie à vos pieds proſternée,
Par vos mains ſeulement veut eſtre gouuernée,
Tous d'vn conſentement vous demandent pour Roy,
Le peuple entre nos mains vous a donné ſa foy,
Et ie viens de ſa part vous offrir la Couronne,
Qu'on vous a veu ſauuer des fureurs de Belonne,
Quand par voſtre valeur les Gregois repouſſez,
Dans leurs retranchemens ſe virent renuerſez.
D'vn ſi rare ſecours conſeruant la memoire,
On vous voulut pourſuiure apres voſtre victoire
Pour le meſme deſſein qui nous conduit icy,
Mais noſtre diligence ayant mal reüßi,
Nous priſmes ſeulement, auec beaucoup de peine,
Voſtre Eſcuyer laßé, qui couroit hors d'haleine,
Et qui pour contenter noſtre importunité,
Nous apprit voſtre nom & voſtre qualité.
Dés que nous l'euſmes ſceu, toute la Bulgarie
D'vn départ ſi ſoudain infiniment marrie,

Depeſche

Dépesche sur vos pas cent messages diuers,
Nous auons parcouru presque tout l'vniuers.
En fin les plus heureux de toute la prouince,
Apres mille trauaux nous lui donnons vn Prince,
Pourueu que sa bonté nous accorde ce point,
Et voyant nos desirs ne les rejette point.
Venez donc gouuerner vn peuple qui vous donne
D'vn Royaume puissant la superbe Couronne,
Et connoissant son zele & sa deuotion,
Ne lui refusez pas vostre protection.

ROGER.

Ceux de qui vous tenez cette entiere puissance,
Tesmoignent leur vertu par leur reconnoissance,
Et nous font assez voir qu'vn seruice rendu,
Parmy des gens d'honneur ne peut estre perdu,
Vne bonté si rare est d'autant plus loüable,
Qu'vn si petit seruice est peu considerable,
Et ie souhaitterois d'auoir bien merité,
Ce qu'exige de moi leur bonne volonté.
Mais i'ay receu du ciel si peu de suffisance,
Pour supporter vn faix d'vne telle importance,
Que ie me sens desia trop bien recompensé,
Si de ce grand honneur ie me vois dispensé.
Qu'on m'en excuse donc, & que quelqu'vn succede
Des parens du defunct au lieu que ie lui cede.
Ie porte cette espée, & m'en sers quelque fois,
Mais soutenir vn sceptre, c'est bien vn autre pois.

AMBASSADEVRS.

Quoy, vous rejettez donc vn peuple qui n'espere,
Qu'en son Conseruateur, en son Dieu tutelaire,
Et qui vous a voüé tant de fidelité,
Pour perir de regret se voyant rebuté?

CHARLES.

Si le vouloir du ciel au trosne vous destine,
Ne mesprisez iamais la volonté diuine.
Outre qu'vn tel present n'est pas à mespriser,
Vn Royaume vaut peu, s'il se peut refuser.

RENAVD.

Assez l'acheterois au peril de leur vie,
Allez où le deuoir & l'honneur vous conuie,
Et vous croyez heureux entre tous les humains,
Puis qu'vn sceptre en dormant vous tombe entre les mains,
Aymon doresnauant se verra sans excuse.

AYMON.

Si ce bonheur m'auient, & que ie le refuse,
Dites que i'ay perdu le sens & la raison.

LEON.

Non Roger, ces refus ne sont pas de saison,
Acceptez leur present sans tarder dauantage.

CHARLES.

Outre vostre interest, leur offre vous engage,
Ne rejettez donc plus vn bonheur apparant,
Il vaut mieux estre Roy, que cheualier errant.

ROGER.

Puisque vous le voulez, & que le Roi l'ordonne,
Indigne que i'en suis, i'accepte la Couronne.
En moi vous receurez vn frere au lieu d'vn Roy.

AMBASSADEVRS.

Doncque tout le premier ie vous donne ma foy.

CHARLES.

Ayez dans cette cour vn peu de patience,
Demain plus à loisir vous aurez audience,
Maintenant il est temps de songer à l'amour,
Apres tant de broüillars il faut voir quelque iour,
Aymon il faut songer à vostre conscience.
Mais voicy qu'à propos Bradamante s'auance.
Abbaissez la visiere & demeurez icy,
Ayant esté trompé, il faut tromper aussi.

DERNIERE SCENE.

MARFISE. BRADAMANTE. ROGER. CHARLES. LEON. RENAUD. AYMON.

MARFISE.

VOus venés à propos pour ſçauoir des nouuelles,
A voſtre occaſion i'ay touſiours des querelles,
Ce cheualier armé ſe vante deuant tous,
Que vous eſtes à lui, que lui reſpondez-vous?
Il oſe effrontément ſe donner cette gloire,
Qu'il en a deuant nous remporté la victoire.

BRADAMANTE.

Ces armes, il eſt vray, témoignent mon malheur,
I'ay manqué de fortune, & non pas de valeur.
Ie n'ay point ſous l'Armet remarqué le viſage,
Mais Leon iuſqu'ici s'en donne l'auantage.
Vuidez auec lui vos premiers differens,
Les diſcours de ce tiers me ſont indifferens.
Ie combatis vn ſeul, s'il pretend quelque choſe,
Ie ſuis preſte au combat, pour lui qu'il s'y diſpoſe.

LEON.

Pour moi, malgré l'ardeur de mes affections,

Ie me démets du tout de mes pretentions,
Lui seul vous a vaincu, & lui seul vous demande.

BRADAMANTE.

S'il y pretend des droicts, il faut qu'il les defende,
Ie l'appelle au combat dangereux & sanglant.

CHARLES.

Certes, vostre courroux est vn peu violant.
Lui donneriez-vous point vn moment de relasche,
Pour connoistre son nom & ce frõt qu'il vous cache? Il luy leue la visiere.

BRADAMANTE.

O bons dieux! c'est Roger.

ROGER.

Ouy, Madame, c'est moy, Il se met à genoux.
Qui vous rends à genoux l'hommage que ie doy,
Et qui ne veux bouger de ces pieds que i'embrasse,
Que par mon repentir ie n'obtienne ma grace,
Que mes malheurs soufferts ne vous fassent pitié.
Il est vrai, i'ai failli, mais blasmez l'amitié,
Condemnez le deuoir, qui sur vne belle ame
Doit estre plus puissant que l'amoureuse flame.
Ma main a pour Leon contre vous combattu,
Mais ie deuois la vie à sa seule vertu.
Ie vous ceday, Madame, & cette main perfide,
Qui s'arma contre vous estoit mon homicide,

I'allois par mon trépas expier mon peché,
Si cêt ami courtois ne m'en eust empesché.
Il m'a quitté ses droicts, m'a cedé Bradamante,
Pourueu qu'à mon r'appel ma Deesse consente,
Et que ma repentance efface mon forfait.

BRADAMANTE.

Ie donne au repentir l'offense qu'on me fait.
Ouy, malgré la douleur que vous m'auez causée,
A vous la pardonner ie me sens disposée,
Pourueu que sur l'espoir d'en estre ainsi traité,
Vous n'abusiez iamais de ma facilité.

ROGER.

Si ie vous fâche encor, ie n'attends plus de grace.

BRADAMANTE.

Bien donc, que du passé le souuenir s'efface,
Et qu'il me soit permis auec toute la Cour,
De ressentir le bien de vostre heureux retour.

CHARLES.

Il faut sans retarder que leur peine finisse,
Il est temps desormais que ce cœur s'amolisse.
Aymon, vostre rigueur ne sçauroit plus durer,
Et vostre ambition n'a rien à desirer.
Si toutes les raisons ordonnent qu'on marie,
Sa chere Bradamante au Roy de Bulgarie.

Vous opposerez-vous au bien qu'elle en reçoit?
Car aspirer plus haut, c'est plus qu'elle ne doibt.
Vous receuez du ciel vn Roy pour vostre gendre.
Fut-il à vostre choix, pouuiez-vous mieux pretẽdre?
Outre tant de vertus qui le font admirer.

RENAVD.

C'est le plus grand bonheur qui se puisse esperer,
Et si vous remarquez vn si grand aduantage,
Vous serez obligé de changer de courage,
Outre que Bradamante a de l'amour pour luy.

LEON.

Il faut que leur bonheur s'accomplisse auiourd'hui.
Approuuez sans regret ce que le ciel ordonne.

AYMON.

Ie n'ay besoin icy du conseil de personne,
Vous preschez vainement vn homme resolu.
Ie veux ce que le ciel & les miens ont voulu.
Ie consens que Roger espouse Bradamante,
Ce n'est pas qu'esblouy d'vne pourpre esclattante,
Sa nouuelle grandeur me le face estimer,
Mais c'est pour sa vertu qui m'oblige à l'aymer.

ROGER.

O fauorable arrest! dont mon ame est rauie,
Mais ie n'attends de vous que celuy de ma vie,

Prononcez-le, Madame, & ne permettez pas,
Que deux mots seulement me donnent le trépas.

BRADAMANTE.

Ie croy que mon deuoir m'oblige à reconnoistre
Les bonnes volontez, que vous faites paroistre.
Puis donc que mes parens l'ont ainsi resolu,
Je ne m'oppose point à ce qu'ils ont voulu,
Leurs volontez me sont des loix inuiolables.

CHARLES.

O que cette franchise a des attraits aymables!
Que ce discours me plaist, allons donc de ce pas,
Et que vostre bonheur ne se differe pas.
Que le ciel vous vnisse auec autant de ioye,
Que ie ressens ma part du bien qu'il vous enuoye.

LEON.

Ie vai parmi leurs biens me repaistre d'espoir.
Mais ie suis trop heureux ayant fait mon deuoir.

FIN.

www.ingramcontent.com/pod-product-compliance
Lightning Source LLC
Chambersburg PA
CBHW070018110426
42741CB00034B/2132

* 9 7 8 2 0 1 2 5 5 8 6 7 0 *